DIE KUNST DES FLIRTENS, ENTDECKEN SIE DEN CODE DER VERFÜHRUNG:FRAUEN VERFÜHREN

Giovanni Amato

CONTENTS

VORWORT DES AUTORS

Es gibt nichts, was du nicht tun kannst, wenn du wirklich eine Veränderung wünschst. Jede Veränderung erfordert Anstrengung und Opfer, aber wenn du wirklich bereit bist, den Preis zu zahlen, dann, mein Freund, kannst du alles erreichen, was du dir vornimmst, und nichts und niemand kann dich aufhalten. Die Welt liegt in deinen Händen, und du hast die Möglichkeit, Gewohnheiten zu ändern, die dir nicht gefallen, und Glaubenssätze zu ändern, die du für begrenzend hältst. Alles liegt in deinem Verstand, und auch wenn du es noch nicht glaubst, bist du und nur du der Herr über deine Gedanken und Emotionen. Lass daher nicht zu, dass dein Verstand dich einschränkt, und lass dich weder von Ängsten noch von deiner Umgebung beeinflussen. Übernimm die Kontrolle über dein Leben, übertreffe dich selbst, wachse, setze hohe Ziele... und du wirst der Verführer werden, der du immer sein wolltest. Du musst nur auf dich selbst vertrauen und handeln.

Also, was möchtest du? Möchtest du in der Lage sein, ein Gespräch mit jeder Frau zu beginnen, die du attraktiv findest? Möchtest du erfolgreicher mit Frauen sein? Möchtest du sie verstehen, um sie zu verführen? Oder einfach nur... Möchtest du ein Meister der Verführung werden?

Wenn du diese Fragen bejaht hast, dann ist dieses Buch für dich gemacht, und ich gratuliere dir, dass du den ersten Schritt in die Welt der Verführung machst und, was noch wichtiger ist, dass du aktiv wirst. Ich muss dich jedoch warnen, dass es kein einfacher Weg sein wird, im Gegenteil, er erfordert Zeit, Wissen und Übung; viel Übung. Die gute Nachricht ist, dass in diesem Leben nichts unmöglich ist, wenn du es wirklich erreichen möchtest. Aber um ein Verführer zu werden, wird es nicht ausreichen, es zu wünschen, sondern du musst auch alles geben, und nur dann wirst du es schaffen.

Dieses Buch ist kein magisches Handbuch, und es ist auch kein "Schritt-für-Schritt"-Leitfaden, wie man ein Verführer wird, denn aus meiner Sicht gibt es das nicht. Jeder, der versucht, es dir auf diese Weise zu verkaufen, wird dir lügen, denn Verführung ist keine exakte Wissenschaft, und sie kann nicht in Form eines "Schritt-für-Schritt"- oder Handbuchs repliziert werden. Verführung ist eine Kunst, in der jeder einzelne sein eigenes Stil und Technik entdecken und entwickeln muss. Verführung muss natürlich sein, da sie in deinem Verstand entsteht, und je nach deiner Persönlichkeit wird sie sich auf die eine oder andere Weise entwickeln. Aus diesem einfachen Grund gibt es keinen "Schritt-für-Schritt"-Leitfaden, um ein Meister in der Verführung zu werden, denn Verführung kann nicht kopiert werden, und jeder erfolgreiche Verführer verwendet verschiedene Techniken und Stile, die natürlich zu jeder Persönlichkeit passen.

Mein Ziel in diesem Buch ist es, dir zu helfen, deinen eigenen Stil, Techniken und Wege zu finden, die zu deiner Persönlichkeit passen, damit auch du der Verführer werden kannst, den du immer sein wolltest. Ich werde dir auch all das Wissen mitteilen, das ich über Jahre hinweg in diesem Bereich erworben habe, damit du verstehen kannst, wie Verführung funktioniert. Ich werde über die häufigsten Fehler sprechen, damit du aus ihnen lernen und sie vermeiden kannst. Kurz gesagt, ich möchte, dass du dir die Jahre an Erfahrung und Praxis ersparst, die es mich gekostet hat, mein Ziel zu erreichen. Deshalb schreibe ich dieses Buch, um dir zu helfen, deinen eigenen Stil in der Verführung zu finden und dir die Zeit zu ersparen, ihn zu entdecken.

Ich warne dich, dass der Weg zum Verführer nicht einfach ist und Anstrengung erfordert. Wenn du also weiterhin dieses Buch lesen möchtest, bitte ich dich, es sehr ernst zu nehmen, die Übungen zu machen, die darin vorgeschlagen werden, und dir bewusst zu sein, dass der Weg zum Verführer nur von dir abhängt, von deinem Wunsch, von deiner Entschlossenheit und vor allem und am wichtigsten, dass du aktiv wirst. Wenn du bereit bist, den Preis zu zahlen, garantiere ich dir, dass auch du früher oder später ein Verführer wirst, und dieses Buch wird dir sehr dabei helfen. Du bist nicht zufällig hier; etwas in dir entwickelt sich, du möchtest Veränderungen in deinem Leben, und du möchtest ein Verführer werden.

Herzlichen Glückwunsch! Du bist auf dem Weg, dein Ziel zu erreichen.

EINLEITUNG

Meine Geschichte, und vielleicht auch deine

Ich hätte nie gedacht, dass ich am Ende ein Buch über Verführung und ihre Spiele schreiben würde, genauso wenig hätte ich je geglaubt, dass ich genug Entschlossenheit in mir haben würde, um die Ziele zu erreichen, die ich mir setze. Aber letztendlich geht es darum, anzufangen, und ein Teil dieses Buches wird sich darauf konzentrieren. Beginne HEUTE deinen Weg, fange an, an dich zu glauben, vertraue, verführe, lebe, liebe, träume, denn das Leben ist wunderbar und, am besten, alles liegt in deiner Reichweite, wenn du den Preis der Selbstverbesserung, Anstrengung, Entschlossenheit und Disziplin zahlst. Am Ende dieses Buches kannst auch du es schaffen!

Lass uns mit meiner Geschichte beginnen. Ich habe mich immer als normalen Kerl betrachtet, etwas schüchtern, unsicher und unfähig, mit einer Frau zu sprechen; allein die Vorstellung davon machte mir Angst. Mein größtes Problem war, dass ich nicht an mich glaubte, nicht genug Selbstvertrauen hatte. Kurz gesagt, ich war mein schlimmster Feind und sabbotierte mich selbst, was zu ständigen Misserfolgen führte. In diesem Fall ging es darum, Frauen kennenzulernen; ich war unfähig, weil es mich ängstigte, mit ihnen zu sprechen, und immer wenn ich es tat — oder besser gesagt, wenn sie es taten, da ich mich nicht traute, den ersten Schritt zu tun —, dachte ich an das Versagen, daran, wie sie mich mögen würde, wenn ich nicht... oder nicht hätte... oder jede Ausrede, die mir in den Sinn kam. Kurz gesagt, ich fühlte mich minderwertiger als andere, hatte kein Selbstvertrauen, und das war mein großes Problem. So verbrachte ich viele Jahre meines Lebens. Glücklicherweise war ich mir meiner Probleme bewusst, aber ich traute mich nicht, etwas zu unternehmen, weil mich die Angst lähmte.

Zum Glück hatte ich entlang des Weges ein paar Freundinnen, genau genommen zwei. Außerhalb der Beziehung war ich jedoch immer noch nicht in der Lage, mit einer Frau zu sprechen. Wenn ich ausgegangen bin, in einer Bar war oder einfach auf der Straße, hatte ich immer den brennenden Wunsch, es zu tun; ich wollte mit ihr sprechen, sie ansprechen, mich vorstellen, ihr sagen, wie sehr sie meine Aufmerksamkeit erregt hat, ich wollte sie kennenlernen, sie verführen. Aber etwas in mir hinderte mich daran, den ersten Schritt zu machen. Aber ich kann dir versichern, dass es keine realen

Hindernisse waren, sondern Ausreden, versteckt hinter einer intensiven Angst vor Ablehnung, die nur in meinem Kopf existierte, dazu kam ein Mangel an Selbstvertrauen. Man könnte sagen, ich war ein komplettes Desaster, was die Verführung betrifft. Aber dieses Unbehagen war es, das mich dazu veranlasste, eine Veränderung herbeizuführen.

Zu dieser Zeit lebte ich in London. Ich war ein Zwanzigjähriger, für den diese kosmopolitische Stadt voller wunderschöner Frauen überwältigend war. Obwohl ich meine Komfortzone in der Stadt Valencia verlassen hatte, war ich immer noch ein unsicherer Junge, der Angst davor hatte, was die anderen denken würden, und unfähig, ein Gespräch mit einer Frau zu beginnen. Aber ich hatte das brennende Verlangen nach einer Veränderung in meinem Inneren. Ich war bereit, den ersten Schritt zu gehen, auch wenn ich es noch nicht wusste.

Ich erinnere mich daran, dass ich zu dieser Zeit einen Freund namens David hatte, auch Spanier wie ich, der sehr geschickt im Umgang mit Frauen war, obwohl er physisch nicht attraktiv war. Immer wenn wir ausgegangen sind oder in eine Diskothek gegangen sind, sprach David irgendein Mädchen auf der Straße an, und ich schaute zu. Ich dachte mir, was wird er ihr sagen? Wie macht er das? Hat er keine Angst? Das brachte mich zum Nachdenken und auch wenn es anfangs nur in geringem Maße war, wuchsen die Wünsche zu handeln. Hier möchte ich die Bedeutung eines MENTORS betonen; in meinem Fall hatte ich das Glück, einen Freund zu haben, und jetzt könnte ich deiner sein, wenn du dich entscheidest, das Lesen dieses Buches ernst zu nehmen.

Um auf die Geschichte zurückzukommen, erinnere ich mich daran, dass ich anfangs über seine Misserfolge froh war, was ein egoistisches Denken des Menschen widerspiegelt: "Wenn ich es nicht kann, kann er es auch nicht, und es freut mich." Aber diese Denkweise war sehr giftig und hätte mich daran gehindert, weiterzukommen, wenn ich so weitergemacht hätte. Glücklicherweise änderte ich eines Tages meine Denkweise und begann mich zu fragen: "Wenn er kann, warum kann ich dann nicht auch?" Das war der Auslöser, den ich in meinem Kopf brauchte, um meine Veränderung zu beginnen, und das tat ich. Ich fing an zu tun, was er tat, bekam natürlich nicht die gleichen Ergebnisse. Ich versuchte, seinen Stil und seine Techniken zu imitieren, aber wie zu erwarten war, war das ein Desaster. Ich hörte nicht auf, Fehler zu machen; oft ging ich zu einer Frau und wusste nicht, was ich sagen sollte, blieb stumm oder die Angst lähmte mich. Die Gespräche brachen schnell zusammen und endeten selten erfolgreich. Aber das Wichtigste hier war, dass ich bereits den ersten Schritt getan hatte, ich hatte gehandelt. Danach war es nur eine Frage der Ausdauer und der Zeit.

Am Anfang war es etwas frustrierend, denn egal wie sehr ich es versuchte, die Gespräche liefen nicht so wie sie sollten. Die Verabredungen, die ich hatte, endeten oft im Desaster, und bis zu einem gewissen Grad fühlte ich immer noch Unsicherheit in meinem Unterbewusstsein, von der ich mich nicht vollständig befreien konnte. Meine Zeit in London neigte sich dem Ende zu, und nach einem Jahr bereitete ich mich darauf vor, nach Valencia zurückzukehren. Es stimmt zwar, dass ich die gleichen Ängste und Unsicherheiten hatte, aber etwas in mir war am Entstehen, und ich musste weiter daran arbeiten, die Veränderung war in Reichweite. Ich baute mir einen mentalen Zustand auf, der noch sehr grün war und entwickelt werden musste, aber der Samen war gesät. Es war der zweite Schritt zu meinem Ziel: ich hatte angefangen zu handeln. Ich erinnere dich daran, dass der erste Schritt darin bestanden hatte, meine Schwächen und Begrenzungen anzuerkennen. Lass uns sagen, die Veränderung formte sich in mir, aber Veränderungen brauchen ihre Zeit, und tatsächlich sah ich erst nach zwei Jahren große Ergebnisse.

Die Veränderung in mir verlief langsam, aber das muss bei dir nicht so sein. Außerdem hatte ich Rückfälle, in denen ich aufhörte, an mich zu glauben, aber ich gab nicht auf und blieb hartnäckig. Ich war weit davon entfernt, ein Verführungsmeister zu sein, aber ich war in den Lehrlingsmodus übergegangen. Ich war auf dem Weg! Mit zweiundzwanzig Jahren arbeitete ich als Kellner und ließ bereits die Telefonnummer von

Kundinnen da, die ich attraktiv fand. Wieder einmal war die Figur eines Mentors äußerst wichtig, denn ich begann dies zu tun, nachdem ich es einen Arbeitskollegen hatte tun sehen. Also dachte ich mir, warum nicht ich? Was hat er, was ich nicht habe? Ich kann das auch! Aber ich hatte wieder versagt, da die Frauen selten damit begannen, mich auf WhatsApp anzusprechen. Aber ich gab nicht auf und versuchte mich immer wieder zu übertreffen. Also änderte ich meine Strategie und bat sie stattdessen um ihre Nummer, um zumindest den Beginn eines Gesprächs zu gewährleisten. Natürlich war der Wechsel sehr bemerkenswert und positiv, und ich bekam Verabredungen, einige gute und einige weniger gute. Wie alles andere auch, du kannst nicht erwarten, ein Profi zu sein, ohne zuerst einige Fehler zu machen, und im Leben braucht alles seine Zeit.

Während des Jahres, in dem ich in dieser Bar arbeitete, traf ich mehr Frauen als jemals zuvor in meinem Leben. Das half mir sehr, viel Selbstvertrauen zu gewinnen und eine Menge über die Philosophie der Verführung zu lernen. Praxis macht den Meister. Trotzdem lag noch ein langer Weg vor mir, bis ich mein Ziel erreichte, ein Meister der Verführung zu werden, denn außerhalb meiner Komfortzone, der Bar, fühlte ich mich unwohl. Ich hatte mich so sehr daran gewöhnt, in der Bar zu flirten, dass es mir schwerfiel, außerhalb davon Gespräche mit Frauen zu beginnen und erst recht nicht, sie in mein Bett oder ihres zu bekommen. Aber ich schenkte dem keine Beachtung, denn in der Bar lief es gut für mich, und am Ende bekam ich die Verabredungen, die ich wollte, und sie endeten in der Regel so, wie ich es wollte. Mein Fehler hier war die Selbstzufriedenheit, denn man muss sich immer selbst übertreffen.

Gutes hat immer ein Ende, und man muss sich immer anpassen. Mein Vertrag endete, und mir wurde mein Jagdrevier und meine Komfortzone zum Flirten genommen. Also war ich gezwungen, meine Strategie erneut zu ändern. Unter Anwendung all dessen, was ich über Frauen während meiner Zeit in der Bar gelernt hatte, stellte ich mir eine Herausforderung: Ich würde jede Frau bekommen, die ich wollte, in jeder Umgebung. Es war mir egal, wo, ob am Strand, in einer Bar, in einem Geschäft, einem Museum... Mir war es egal; ich musste es tun, und ich tat es.

Wie bei allem ist die Theorie einfach, aber die Praxis war eine andere Sache. Sagen wir einfach, ich habe es versucht, aber ohne große Ergebnisse, weil ich noch nicht die Strategie für ein zufriedenstellendes Eisbrechen gefunden hatte —es gibt keine. Aber ich war nah dran. Wichtig hier ist, dass ich motiviert war, und obwohl es wahr ist, dass viele Ablehnungen kamen, gab ich nicht auf, akzeptierte die Niederlage und ging auf einen Sieg zu, lernte aus meinen Fehlern und setzte meine Schlussfolgerungen in die Praxis um. Der Meister wurde geschmiedet, und die Praxis würde mir geben, was ich suchte. Ich war auf dem Weg zum Erfolg! Mein Erfolg!

Diesen Sommer ging ich jeden Tag zum Strand, und abends ging ich zum Partybereich, immer mit der Absicht, Frauen kennenzulernen. Es gab einen Punkt, an dem es mir so leicht fiel, Frauen kennenzulernen, dass es zu einem Spiel wurde. Am meisten genoss ich es, wenn sie nein sagten, denn dann musste ich mich anstrengen, um es in ein Ja umzukehren. Ich nahm es als Herausforderung, wurde immer einfallsreicher, überzeugender und vor allem erfolgreicher. Was am Anfang wie eine klare Ablehnung aussah, verwandelte sich in einen klaren Erfolg. Es war zu diesem Zeitpunkt, dass ich einen sehr einfachen und wichtigen Fakt im Bereich der Verführung erkannte und verstand. Jeder braucht Gesellschaft oder Liebe, jeder will dasselbe und braucht dasselbe. Ich habe gelernt, dass du es einfach gut machen musst, anders sein musst und vor allem wissen musst, wie du dich verkaufst. Glaub mir, am Ende wollen Frauen einfach einen Mann, der selbstbewusst ist, der Spaß macht, der seinen eigenen Stil hat, der sie aus ihrer Routine herausholt und vor allem natürlich ist. Es gibt keine bessere Strategie als Natürlichkeit!

Wie du siehst, habe ich aus meinen Fehlern gelernt, aus vielen Ablehnungen und Niederlagen, aber ich habe nie aufgegeben, habe es immer wieder versucht, bis ich bekam, was ich wollte. Ich fand meine verführerische Persönlichkeit und lernte, ich selbst zu sein. Lass uns sagen, die Kunst der Verführung hat mir so viel Selbstvertrauen gegeben, dass ich es auf keine andere Weise hätte bekommen können. Es hat mir gezeigt, dass ich in der Lage bin, das zu erreichen, was mir früher unmöglich erschien, und es hat mir eine noch wichtigere Lektion beigebracht: Ich habe gelernt, dass ich alles tun kann, was ich mir vornehme. Es hat mich gelehrt, mich zu übertreffen. Nichts ist unmöglich!

Seit diesem Moment bin ich immer vorwärts gegangen und habe nie aufgehört, aus der Kunst der Verführung zu lernen. Tatsächlich lerne ich bis heute aus jedem Gespräch, das ich mit einer Frau führe, aus jeder Nacht und aus jedem Moment. Es ist nie genug, um aufzuhören zu lernen.

Dank dieses gedeckten Bedürfnisses, das Bedürfnis, dein Leben oder einen Moment mit einer Frau zu teilen, konnte ich in meinem Leben weiterkommen und mich auf noch wichtigere Dinge konzentrieren. Denn Sex oder Liebe ist ein Grundbedürfnis, das zuerst erfüllt werden muss, um glücklich zu sein, und dann, um in anderen Bereichen voranzukommen. Denn wenn nicht, verankerst du dich in diesem Problem, und es ist schwieriger voranzukommen, wenn du ein ungelöstes Grundbedürfnis hast. Also kannst auch du lernen, zu flirten, zu verführen und letztendlich alles zu tun, was du dir vornimmst! Ich habe es geschafft! Warum solltest du es nicht schaffen?

DER WANDEL BEGINNT BEI DIR

Kapitel 1

Es gibt nicht viel zu tun, wenn du wirklich keine Veränderung suchst. Du musst es wollen, es fühlen und es leben. Du musst dir bewusst werden, dass es bestimmte Faktoren oder Aspekte deiner Persönlichkeit gibt, die dir nicht gefallen, die du als lähmend empfindest, die dich an einen Lebensstil binden, den du nicht wünschst oder die dich einfach nicht so sein lassen, wie du sein möchtest. Wenn du dir dessen nicht bewusst bist oder es nicht sein möchtest, ist es besser, diese Lektüre abzubrechen, denn ich versichere dir, dass die Mentalität der erste Schritt zur Verführung ist, genauso wie ich dir versichere, dass du dich nie änderst wirst, wenn du es nicht willst. Also, um weiterzumachen, brauchen wir eine Veränderung und wir wollen diese Veränderung. Wir werden sie haben, koste es, was es wolle!

Herzlichen Glückwunsch, wenn du weiterliest,

hast du erkannt, dass es Aspekte an dir gibt, die dir nicht gefallen und die du ändern möchtest. Vielleicht bist du schüchtern, unsicher, dir fehlt Selbstvertrauen, Motivation oder du möchtest einfach mehr flirten, weißt aber nicht wie. Unabhängig davon, welches Problem oder welche Einstellung du ändern möchtest, ist es wichtig, sich dessen bewusst zu werden und zu wissen, dass es möglich ist, sich zu ändern. Den Wunsch nach Veränderung zu haben, ist der Anfang.

Wie Henry Ford sagte: "Versagen ist eine großartige Gelegenheit, von vorne zu beginnen, nur intelligenter."

Um das klarzustellen, werde ich dir das Beispiel von Jack Ma geben. Falls du ihn nicht kennst, er ist ein großer chinesischer Unternehmer, der Gründer der Alibaba Group, einem der größten Unternehmen der Welt. Dieser Mann wurde in einer ziemlich bescheidenen Familie im kommunistischen China aufgezogen. Um das Ganze zu verschärfen, war er nie ein guter Schüler, ganz im Gegenteil, er zeichnete sich durch schlechte Noten aus und fiel sogar zweimal durch die Zulassungsprüfungen für die Universität.

Jack Ma wurde darüber hinaus vor seiner Karriere als großer Unternehmer bei KFC und sogar bei McDonald's abgelehnt. Insgesamt wurde er bei 30 verschiedenen Jobs abgelehnt, sodass er selbst sich zu einem Zeitpunkt seines Lebens als

Versager betrachtete. Aber er entschied sich für eine Veränderung der Mentalität und ließ nicht zu, dass dies auf ihn abfärbte. Im Gegenteil, er ließ sich von Henry Ford inspirieren und nahm das Scheitern als Motivation, um eine bessere Version von sich selbst hervorzubringen.

Im Jahr 1999 gründete er mit Optimismus sein Unternehmen Alibaba, das in den ersten drei Jahren Verluste machte. Trotzdem gab er nie auf und heute hat sein Unternehmen mehr als 24.000 Mitarbeiter und einen Umsatz von mehr als 500 Milliarden US-Dollar, nicht schlecht. Als wäre das nicht genug, zog er sich 2019 endgültig zurück, um sich philanthropischen Zwecken zu widmen und letztendlich zu tun, was er wollte. Sicherlich hatte Jack Ma keinen einfachen Weg, eher im Gegenteil, aber er ließ nicht zu, dass die Schwierigkeiten ihn besiegen, er bewaffnete sich mit einer positiven Mentalität, mit Ausdauer und Motivation und kam weiter, als er je geträumt hatte.

Wenn Jack Ma vom Verlierer zu einem der reichsten Männer der Welt werden konnte, was hindert dich daran, deine verlierende Mentalität in eine verführerische Mentalität zu verwandeln? Ich versichere dir, dass es, selbst wenn du Änderungen in deinem Leben vornehmen musst, weniger kosten wird, ein Verführer zu werden, als Jack Ma einer der größten Unternehmer zu werden. Also motiviere dich durch deine aktuellen Misserfolge mit dem weiblichen Geschlecht und nutze sie, um eine bessere Version von dir selbst zu entwickeln.

Um diesen Wandel in deiner Persönlichkeit anzugehen, lade ich dich ein, eine kleine Übung zur Überwindung zu machen, um die Aufgabe der Veränderung zu erleichtern, mehr Bewusstsein zu schaffen, dem Problem näher zu kommen und eine Lösung zu suchen. Die Lösung liegt in dir! Du musst sie nur entdecken.

<u>Übung</u>

1. Notiere in einem Notizbuch, wer du sein möchtest und wie du sein möchtest. Beispiel: Ich möchte ein Verführer sein, ich möchte mehr Selbstvertrauen haben, ich möchte mich nicht von meinen Ängsten leiten lassen, etc.

2. Schreibe jetzt alle negativen Aspekte deiner Persönlichkeit auf, die dich daran hindern, so zu sein, wie du sein möchtest und die dich daran hindern, voranzukommen. Beispiel: Jetzt bin ich schüchtern, unsicher, mir fehlt Selbstvertrauen, ich habe Ängste, etc.

3. Schließlich notiere das Gegenteil dieser negativen Eigenschaft, sodass es jetzt eine positive Eigenschaft ist, die du internalisieren musst, um sie zu erreichen.Beispiel: Jetzt bin ich extrovertiert, selbstbewusst und habe genug Selbstvertrauen.

Auf diese Weise dokumentieren wir schriftlich, was unser Problem ist, wie wir sein möchten und welche Qualitäten wir erwerben möchten, um unser Ziel zu erreichen und unsere Veränderung zu verwirklichen. Das Ziel besteht darin, unsere Schwächen in die Enge zu treiben. Wir weigern uns, so zu sein, glauben, dass wir in der Lage sind, es zu schaffen, und spüren, dass unsere Person mehr wert ist als diese negativen Eigenschaften, die wir uns selbst auferlegen. Daher musst du dich darauf konzentrieren, diese anderen positiven Eigenschaften zu erreichen und zu erwerben, die dich letztendlich zu dem machen, der du sein möchtest, und dich von deinen Ängsten und Schwächen entfernen, um dein Ziel, ein Verführer zu sein, näher zu kommen.

Keine Sorge, Entschlossenheit und Übung werden dir diese Eigenschaften geben und dich so machen, wie du sein möchtest. Es gibt keinen Erfolg ohne vorherige Arbeit, genauso wenig wie es keine Gloria ohne Leiden gibt.

In diesem Kapitel hast du gelernt, deine Einschränkungen zu visualisieren, die es dir nicht erlauben, Erfolg beim anderen Geschlecht zu haben. Aber vor allem, und noch wichtiger, hast du die Probleme definiert, die dich daran hindern, dort zu sein, wo du sein möchtest, um sie zu überwinden und auch du ein Verführer zu sein. Du hast gerade den ersten Schritt gemacht.

Als nächstes möchte ich euch den größten Grund für das Scheitern in der Verführungswelt enthüllen, der sehr einfach ist: dein Geist in einer negativen Mentalität gespiegelt. Und die Lösung, die ebenfalls einfach ist: eine positive Mentalität. Dies werden wir im nächsten Kapitel genauer betrachten.

POSITIVE MENTALE EINSTELLUNG

Kapitel 2

Eines der großen Probleme, die ich bei Menschen sehe, wenn sie versuchen, mit einer Frau zu sprechen, ist, dass sie zum Scheitern verurteilt sind. In ihren Köpfen denken sie nur an das Scheitern, stellen es sich vor, bevor sie es überhaupt getan haben, und scheitern daher natürlich oder schaffen es nicht, mit dieser Frau zu sprechen, die sie so mögen. Dies ist auf eine Prädisposition für eine negative mentale Einstellung zurückzuführen.

Die Lösung für dieses Problem ist eine positive mentale Einstellung, die genau das Gegenteil ist. Es ist ein mentaler Zustand des Positivismus, der dich dazu motiviert, deine Ziele zu erreichen, und dich dazu suggeriert, sie zu erreichen. Es ist, zusammen mit Selbstvertrauen, einer der größten Faktoren für den Erfolg bei Frauen und die Fähigkeit, der Verführer zu werden, den du immer haben wolltest.

Was bedeutet das genau mit einer positiven

Mentalität? und wie kannst du sie erlangen? Lassen Sie uns die Antwort betrachten: Die positive mentale Einstellung ist ein Zustand, in dem du deinen Geist zwingst, sich zu übertreffen, zu glauben, alles zu erreichen, was er sich vorgenommen hat, da du deine Umgebung auf positive Weise siehst. Auf diese Weise ziehst du Erfolg in dein Leben. In Bezug auf Verführung wäre es diese innere Stimme, die dich dazu ermutigt, den ersten Schritt zu tun und dich dazu auffordert, das Gespräch zu beginnen, in der Überzeugung, dass du triumphieren wirst.

Im Gegensatz dazu konditioniert dich eine negative Mentalität, Dinge aus einer negativen Perspektive zu sehen, hindert dich daran, voranzukommen und lässt dich in hohem Maße bei deinen Projekten scheitern, da du dich selbst mit negativen Gedanken und Worten umgibst, die dich zum Scheitern führen. Wir alle haben eine positive und eine negative Mentalität. Wir müssen nur lernen, sie zu kontrollieren und zu nutzen.

Der Grund, warum es so wichtig ist, eine positive Mentalität zu haben, ist einfach. Sie erleichtert dir das Erreichen dessen, was du noch nicht erreicht hast, wie zum Beispiel Ziele, Verpflichtungen, der Verführer zu sein oder alles, was dir einfällt. Es ist ein mentaler Zustand des Erfolgs, der dir nicht nur hilft, deine Ziele zu erreichen, in diesem Fall eine Frau, sondern dir auch hilft, Niederlagen zu akzeptieren, die in diesem Fall eine Ablehnung wären. Aber was noch wichtiger ist, diese Art von Mentalität hilft dir, aus deinen Fehlern zu lernen, aufzustehen, neu zu beginnen und die beste Version von dir selbst zu geben.

Lassen Sie uns ein paar Beispiele machen, um es

klarer zu machen.

Positive Mentalität

- Es ist dein größter Verbündeter im Bereich der Verführung. Diese Stimme, die dich dazu ermutigt, den ersten Schritt zu tun und dir Hoffnung und Entschlossenheit gibt, ein Gespräch zu beginnen.

- Es ist diese Stimme, die sagt: "Du kannst es schaffen, ohne es überhaupt versucht zu haben."

- Diese Stimme, die dir sagt: "Jetzt kann ich nicht. Aber ich werde mein Bestes geben! Ich werde alles in meiner Macht Stehende tun, um mein Ziel zu erreichen!"

- Grundsätzlich bedeutet es zu glauben, dass du alles tun kannst, was du dir vornimmst, und vor allem danach zu handeln. Du kannst nicht sagen: "Ich will mit allen Frauen flirten", und dann nichts tun. Es funktioniert nicht so, du musst es wollen und dann handeln, es mit deinen Taten beweisen.

- Es ist die Mentalität jeder Person, die im Leben erfolgreich war, es lädt zur Überwindung ein, zum Lernen aus dem Scheitern, zur besten Version von sich selbst, zum Leben mit einem Lächeln, zur Herausforderung und, was noch wichtiger ist, zum Erreichen des Unmöglichen.

<u>Negative Mentalität</u>

- Diese Art von Mentalität ist der größte Feind eines Verführers, da sie in einfachen Zügen der Grund dafür ist, dass du normalerweise den ersten Schritt nicht machst.

- Es ist diese negative innere Stimme, die dich dazu verleitet, nicht zu handeln, von Ängsten und Ablehnungen spricht und dir im Grunde sagt, dass du es nicht tun sollst, weil du scheitern wirst.

- Es wäre auch die typische Haltung, die dich dazu bringt, dich zu beklagen, nur die Probleme zu sehen und niemals die Lösung.

- Es ist die Haltung der Person, die nicht an sich selbst glaubt und denkt, dass die Dinge schief gehen werden, bevor sie überhaupt angefangen haben. Und tatsächlich gehen die Dinge schief, weil genau dieser negative Gedanke bewirkt, dass ihr Misserfolg Realität wird. Der Geist ist mächtig, genauso wie dein Denken.

- Kurz gesagt, es ist eine Mentalität, die zum Scheitern verurteilt ist. Wir wollen sie nicht in unserem Leben, weil sie uns niemals dabei helfen wird, unsere Ziele zu erreichen. Sei nicht wie José und versuche mehr wie mein Freund Alex zu sein. Denn jeder von uns hat Qualitäten, die richtig eingesetzt, dich in den Augen einer Frau attraktiv erscheinen lassen können.

Ich werde dir ein Beispiel mit ein paar Freunden geben, damit es klar wird. Den ersten nennen wir José, der jedes Mal, wenn er versucht, mit einer Frau zu flirten, mit einer negativen Einstellung und Mentalität hingeht. Er beschwert sich immer über Frauen, denkt, dass sie schlecht sind, dass er klein ist und deshalb keine von ihnen sich für ihn interessieren wird. Dabei ist er am Ende ein attraktiver Kerl, aber seine Überzeugungen lassen ihn das Gegenteil sehen.

José hat große Komplexe, die er nicht überwinden kann, die ihn im Bereich der Verführung behindern und ihn daran hindern, erfolgreiche Beziehungen zu Frauen zu haben. Im Gegenteil, er stößt sie ab, und allein durch seine negative Einstellung bewirkt er, dass Frauen sich weder für ihn interessieren noch sich ihm nähern. Aufgrund seiner einschränkenden Mentalität versucht José nicht einmal mehr, mit einer Frau zu flirten, da er seine Rolle als Versager angenommen hat und auch keine Initiative hat, sich zu verbessern. Es ist unmöglich, ihm zu helfen. Wahrscheinlich wird er, wenn er so weitermacht, sein ganzes Leben allein enden.

Im Gegensatz dazu habe ich einen anderen Freund namens Alex, der trotz seiner nicht sehr attraktiven Erscheinung viel Charisma hat, eine starke Einstellung hat und immer mit einer positiven, erfolgreichen und selbstbewussten Mentalität geht. Alex kennt seine physischen Einschränkungen, ist sich ihrer bewusst und akzeptiert sie mit einer positiven mentalen Einstellung. Er lässt sich nicht von Unsicherheiten und Ängsten beeinflussen. Im Gegenteil, er begegnet ihnen immer auf die bestmögliche Weise und konzentriert sich auf seine Tugenden, die er immer zu fördern und zum Vorschein zu bringen versucht.

Alex hat im Gegensatz zu José viel Erfolg bei Frauen, obwohl er hässlicher ist als José. Der Unterschied liegt in seiner Einstellung. Alex akzeptiert sich so, wie er ist, und nimmt seine Fehler mit einer positiven Einstellung an, indem er ihnen immer auf die beste Weise begegnet. Er konzentriert sich auf seine Vorzüge, die er zu fördern versucht, und am Ende fühlen sich die Frauen von seiner Sicherheit und seinem Selbstvertrauen angezogen, was zu seinem Erfolg führt. Das Geheimnis besteht darin, dass Alex beschlossen hat, sich auf seine Vorzüge zu konzentrieren und sie durch eine positive mentale Einstellung zu fördern. Während José sich von seinen negativen Gedanken mitreißen lässt, sich selbst täuscht, sich auf seine negativen Eigenschaften konzentriert und daher wenig Vertrauen und Unsicherheit ausstrahlt, was dazu führt, dass Frauen ihn abstoßen und ihn als Versager sehen.

Jeder von uns hat eine positive und eine negative Mentalität in sich. Es ist unsere Pflicht, unsere positive Mentalität zum Vorschein zu bringen und unsere negative Mentalität abzulehnen. Deshalb müssen wir erkennen, wenn wir flirten gehen, welche Mentalität wir haben. Im Falle einer negativen Mentalität solltest du dich bemühen, sie abzulehnen, sie umzukehren und in eine positive Mentalität zu verwandeln, die es dir ermöglichen wird, den ersten Schritt zu tun und höchstwahrscheinlich das Mädchen zu treffen, das du dir gewünscht hast. Es ist etwas Einfaches, das die Erfahrung mit der Zeit bringen wird. Im Moment konzentriere dich darauf, festzustellen, wann dir eine positive oder negative Mentalität widerfährt, und versuche immer, negative Gedanken abzulehnen. Denke daran, nicht wie José zu sein, sondern versuche mehr wie mein Freund Alex zu sein. Da wir alle Qualitäten haben, die richtig eingesetzt, dich vor den Augen einer Frau attraktiv erscheinen lassen können.

<u>Übung</u>

Dies ist eine einfache Übung zur Selbstreflexion, bei der ich dich zum Nachdenken einladen möchte, damit du deine eigenen Ideen und Schlussfolgerungen ziehen kannst.

1. Notiere oder denke an vergangene Erfahrungen, bei denen du beim Flirten mit einer Frau gescheitert bist.

2. Glaubst du, dass dein Scheitern mit dieser Frau auf eine negative Mentalität zurückzuführen war? Warum?

3. Was wäre passiert, wenn du eine positive Mentalität angenommen hättest? Wäre es eine erfolgreichere Erfahrung gewesen? Warum?

4. Welche mentale Einstellung wirst du das nächste Mal haben, wenn du mit einer Frau sprichst? Warum?

5. Glaubst du, dass du ein Verführer werden kannst? Warum?

In diesem Kapitel hast du die Bedeutung einer positiven Mentalität und die Einschränkungen einer negativen Mentalität im Zusammenhang mit der Verführung gelernt. Im nächsten Kapitel werde ich über Ängste (negative Mentalität) sprechen und welche Lösung es gibt, um sie zu überwinden (positive Mentalität).

WER HAT ANGST GESAGT?

Angst ist gleich Gift. Sie ist die Verbündete der negativen Denkweise und der Feind des Verführers. Angst ist giftig, ein Tumor, der aus unserem Organismus entfernt werden muss, da er sonst zu Krebs wird, der noch schwieriger zu heilen ist. Angst ist der Grund, warum deine Pläne scheitern, deine Projekte nie beginnen und dein Leben nie abheben werden. Angst ist alltäglich. Angst ist wie eine Plage, die außer Kontrolle gerät, wenn man sie vernachlässigt. Angst ist dein Feind; sie hindert dich daran, zu handeln und die Dinge klar zu sehen. Sie ist eine giftige Wolke, die deine Sinne trübt und dich daran hindert, du selbst zu sein. Angst ist gleichbedeutend mit Misserfolg und Armut. Sie steht auch für Schüchternheit und Unsicherheit. Kurz gesagt, es ist etwas, das du wirklich nicht in deinem Leben haben möchtest, und wie ein guter Chirurg ist es etwas, das du aus deinem Gehirn entfernen musst, bevor es zu spät ist.

Natürlich ist Angst etwas Natürliches. Es stammt aus den Anfängen der Menschheit. Dank der Angst, die Höhle zu verlassen, der Angst, gefressen zu werden, der Angst zu sterben, der Angst, nicht fortpflanzen zu können, usw., haben wir überlebt. Kurz gesagt, es ist etwas Natürliches, das uns als Spezies überleben ließ, denn wir hatten Angst, nicht überleben zu können, da das Leben damals nicht so einfach war wie heute. Früher musstest du entweder essen oder wurdest gegessen.

Glücklicherweise ist das Leben heute voller Annehmlichkeiten, und wir müssen uns keine Sorgen machen, eine weitere Nacht zu überleben. Daher sollten wir das Wort "Angst" aus unserem Wörterbuch streichen, denn das Wort "Angst" hat nichts mit Verführung zu tun; im Gegenteil, es entfernt uns davon. Um zu verführen, müssen wir die Angst vergessen. Ich weiß, dass das Vergessen schwierig ist, daher schlage ich etwas Interaktiveres vor: AKZEPTIERE DIE ANGST. Es ist gut zuzugeben, dass du Angst hast, und es zu akzeptieren ist menschlich und normal. Ich möchte dir nur vermitteln, dass du als Verführer zwei Möglichkeiten hast: Entweder lässt du dich von der Angst leiten, wissend, dass du dein Ziel nie erreichen wirst, oder du akzeptierst deine Ängste, trittst ihnen entgegen und erreichst dein Ziel als Verführer.

Nachdem du die Angst akzeptiert hast, musst du dich überwinden. Stürze dich in die Angst, umarme sie, schau ihr in die Augen, geh auf sie zu, pack sie, schüttel sie durch und besiege sie. Auf diese Weise wird das, wovor du früher Angst hattest, zu deinem Freund, zu deinem Verbündeten, und das, was früher Angst war, wird jetzt zu einer Stärke. Kurz gesagt, es ist so einfach wie Handeln. Am Anfang mag es dir schwerfallen, aber du musst es angehen.

Am Ende ist das Schlimmste, was passieren kann, dass du abgelehnt wirst. Was gestern Angst war, ist heute deine Stärke, weil du dich ihr gestellt hast.

DIE GEMEINSAMSTEN ÄNGSTE BEIM SPRECHEN MIT EINER FRAU

1. Angst vor Ablehnung: Das Problem vieler Männer, ebenso wie meins damals, ist, dass wir aufhören, mit dem Mädchen zu sprechen, das uns gefällt, einfach aus Angst vor Ablehnung. Die beste Möglichkeit, diese Angst zu überwinden, ist, diese Möglichkeit zu akzeptieren. Du musst akzeptieren, dass du viele Male abgelehnt wirst, bevor du verstehst, wie Verführung funktioniert. Schließlich kannst du nicht erwarten, jedem zu gefallen. Daher ist es entscheidend, es zu akzeptieren; es kann passieren, es wird passieren, und das ist normal. Selbst ich, der ich mich als erfahrenen Verführer betrachte, werde ab und zu abgelehnt, und das beeinträchtigt mich überhaupt nicht, im Gegenteil, ich betrachte es immer als eine Lektion. Mit der Übung bin ich sicher, dass die Ablehnungen deutlich abnehmen werden. Aber wenn du abgelehnt wirst, akzeptiere es, nimm es an, lächle zurück und versuche es erneut. Im Endeffekt endet die Welt nicht mit einer Ablehnung. Hier geht es darum, von deinen Fehlern zu lernen, und der erste Schritt dazu ist, deine Ängste zu akzeptieren und zu überwinden. Trau dich, deine Ängste zu überwinden! Betrachte sie als eine Lektion!

2. Angst vor dem, was die Leute sagen werden: Ein weiterer sehr verbreiteter Typ von Angst, den ich oft beim Handeln beobachte, ist die Angst davor, was die Leute sagen werden. "Ich werde nicht mit diesem Mädchen sprechen, weil was werden meine Freunde denken, wenn sie mich ablehnt?" Punkt eins, du musst verstehen, dass du nicht im Mittelpunkt stehst. Punkt zwei, wenn dich jemand sieht, das

Einzige, was er denken kann, ist folgendes: "Dieser Kerl hatte den Mut, mit ihr zu sprechen, während ich es nicht hatte." Selbst wenn du abgelehnt wirst, macht hier der Unterschied, dass du mit ihr gesprochen hast, aus deinem Fehler gelernt hast, dich aus deiner Komfortzone herausgezwungen hast und dich überwunden hast, während dein Freund nichts gelernt hat, nicht einmal versucht hat. Er blieb mit der Frage zurück, was passiert wäre, während du es nicht tust und sogar davon lernst, was mehr als genug Grund ist, zufrieden zu sein, denn es ist sehr wichtig, dass uns eine Ablehnung nicht beeinträchtigt. Im Gegenteil, sie sollte uns stolz machen, denn wir hatten den Mut, es zu versuchen.

3. Angst vor Misserfolg: Diese Art von Angst geht oft Hand in Hand mit der Angst vor Ablehnung und einer negativen mentalen Einstellung. Du fürchtest, in deinem Vorhaben nicht erfolgreich zu sein und dein Ziel mit diesem Mädchen nicht zu erreichen. Das Problem bei dieser Art von Angst ist, dass wir oft aufhören zu handeln, weil wir verinnerlicht haben, dass wir scheitern werden, bevor wir es überhaupt versucht haben. Um diese Art von Angst zu überwinden, müssen wir die Verführung als Lernprozess betrachten, als das Leben selbst, da wir ohne vorheriges Scheitern nicht triumphieren oder erfolgreich sein werden. Du musst das Scheitern als Lernprozess akzeptieren und es als eine mögliche Variable in der Welt der Verführung akzeptieren.

4. Angst, nicht auf Augenhöhe zu sein: Diese Art von Angst resultiert aus einem Mangel an Selbstvertrauen. Du musst verstehen, dass du dich selbst lieben musst, um von anderen geliebt oder begehrt zu werden. Dieses Problem kann bearbeitet und überwunden werden, und wir werden dies im nächsten Kapitel genauer besprechen, da Selbstvertrauen eines der ersten Dinge ist, die du erwerben musst, um ein Verführer zu werden.

Ich erzähle dir eine Anekdote, die mir neulich in Bangkok passiert ist. (Falls es dich interessiert, ich habe vor einem Monat mit dem Reisen durch Südostasien begonnen, während ich dieses Buch schreibe). Nachdem ich leckere Nudeln mit schwarzer Soße, schön scharf, gegessen hatte, beschloss ich, nach Koh San Road zu gehen, falls du es nicht kennst, es ist eine der belebtesten Straßen in der thailändischen Hauptstadt. Da ich alleine unterwegs bin, ging ich in eine Bar, um ein Bier zu trinken, um zu sehen, ob ich sozialisierte und vielleicht einheimische Mädchen kennenlernte, denn ich hatte wirklich Lust, eine Thailänderin kennenzulernen und herauszufinden, ob sie so eng sind, wie man sagt. (Ich lasse dich im Unklaren, damit du es selbst erlebst).

Während ich mein zweites Bier trank, fingen plötzlich viele Unsicherheiten in meinem Kopf an. Ich dachte: "Du bist hier allein wie ein Ausgestoßener, die Leute werden wahrscheinlich denken, dass du komisch bist, weil alle in Gruppen von Freunden sind. Wahrscheinlich werden die Leute, wenn ich mit jemandem spreche, kein Interesse an mir haben, weil sie mich als seltsamen Kerl sehen, der alleine reist und keine Freunde hat." Wie du sehen wirst, wenn du aufmerksam dem vorherigen Text zugehört hast, ließ ich mich von meiner negativen Denkweise, der Angst vor dem, was andere sagen würden, der Angst vor Ablehnung und der Angst vor Misserfolg, zusätzlich zu der Angst, nicht auf Augenhöhe zu sein, mitreißen.

Wie es oft passiert, sind diese Ängste nichts weiter als Lügen, die aus der Unsicherheit deines Geistes stammen. Sie sind nicht real, sie sind Science-Fiction-Filme der Z-Klasse, die dein Gehirn erfindet. Zum Glück bin ich mir all dessen bewusst, da ich jahrelang geübt habe, und selbst wenn du gut bist, treten diese Gedanken häufiger auf, als du denkst. Ich entschied mich, Maßnahmen zu ergreifen und meine Denkweise zu ändern. Anstatt mich von meinen negativen Gedanken mitreißen zu lassen, änderte ich sie und begann positiv zu denken. Ich sagte mir innerlich: "Du bist allein, aber das ist nicht etwas Negatives, im Gegenteil, wenn du alleine reist, zeigst du viel Sicherheit und Selbstvertrauen, da du dich traust, Dinge zu tun, die normale Menschen nicht tun. Wenn du also beschließt, mit einer Gruppe von Frauen zu sprechen, ist es höchstwahrscheinlich, dass sie überrascht sind und sich von deinem Mut beeindruckt fühlen."

Ich ließ mich von diesem letzten Gedanken mitreißen, also stand ich entschlossen auf und mit einem Lächeln (das darf nie fehlen) ging ich zu dieser Gruppe thailändischer Frauen, sagte ihnen, dass ich alleine unterwegs bin, und dass ich gerne eine Gruppe einheimischer Frauen kennenlernen würde, um die Kultur zu erfahren und neue Freundschaften zu schließen. Also luden sie mich ein, mich an ihren Tisch zu setzen. Nachdem wir mehr Bier getrunken, geredet und uns kennengelernt hatten, schlugen sie vor, mit ihnen in eine Bar zu gehen, wozu ich ja sagte.

Während ich mit allen sprach und sicherstellte, dass wir eine gute Zeit hatten, konzentrierte ich mich auf diejenige, die mir am besten gefiel, und suchte nach privateren Interaktionen, um zu sehen, ob sie Anzeichen dafür zeigte, dass ich ihr auch gefalle. Tatsächlich zeigte sie Interesse an mir, stellte viele Fragen und hielt sich in meiner Nähe auf. Ich ermutigte mich und schlug vor, alleine zu tanzen, was sie akzeptierte. Nach ein paar Tänzen bemerkte ich, dass sie mich fest in die Augen sah und bei allem, was ich sagte, lächelte, also beschloss ich, sie zu küssen. Natürlich endete nach einer erfolgreichen Verführung die Nacht mit ihr, und ich traf mich noch ein paar Mal mit ihr, bis ich die Stadt Bangkok verließ. (Ich habe auch von einem eifersüchtigen Kerl einen Schlag bekommen, aber das ist eine andere Geschichte.) Ich halte immer noch Kontakt mit ihr, falls ich zurückkehren möchte, damit ich eine lokale Freundin habe, die sich freuen wird, mich wiederzusehen.

Wie du in dieser kleinen Geschichte, die mir neulich passiert ist, sehen kannst, wenn ich mich von meinen Ängsten und meiner negativen Denkweise hätte mitreißen lassen, hätte ich niemals eine so gute Nacht gehabt und wäre alleine im Bett gelandet, mich selbst bemitleidend und gleichzeitig geißelnd, weil ich kein Gespräch begonnen hatte. Im schlimmsten Fall hätte mich dieses Mädchen zweifellos abgelehnt, aber zumindest hätte ich eine gute Nacht mit dieser Gruppe thailändischer Frauen verbracht. Manchmal ist die beste Möglichkeit, die Angst zu überwinden, einfach zu handeln und zu sehen, was danach passiert. Aber handle und bleibe nicht gelähmt!

Kurz gesagt, Ängste sind mentale Zustände, die überwunden werden können, wenn du den Willen, die Entschlossenheit, die Selbstüberwindung und eine positive Denkweise hast, die dir hilft, deine Ängste zu überwinden. Um sie zu überwinden, musst du sie zuerst erkennen, dann akzeptieren und schließlich ihnen entgegentreten. Ich kenne keinen anderen Weg. Möchtest du diese Ängste bekämpfen? Oder ziehst du es vor, bequem zu bleiben und gleichzeitig unruhig zu wissen, dass du, wenn du dich von deinen Ängsten leiten lässt, nie eine Frau erobern kannst? Die Entscheidung liegt bei dir.

<u>Übung</u>

Überwinde deine Ängste. Die Absicht dieser Übung ist es, dir interaktiv dabei zu helfen, deine Ängste auf eine ernsthafte Weise zu überwinden. Damit diese Übung dir nützlich ist, musst du ehrlich antworten und es ernst nehmen.

1. Denke über deine Ängste nach. Welche kommen am häufigsten vor? Notiere sie und identifiziere, was passiert und wie du dich fühlst, wenn sie auftreten.

2. Kehre nun die Angst um und verwende sie als Motivation. Du weißt jetzt, welche Ängste du hast und welche Ziele du verfolgst. Nutze deine Angst als Kanalisator, um deine Ziele zu erreichen.

3. Beginne mit kleinen Handlungen. Zum Beispiel, wenn es dir Angst macht, in der Öffentlichkeit zu sprechen, überwinde dich und fange an, es zu tun. Wenn du schüchtern bist, fange an, über dich selbst zu sprechen. Hast du Angst, allein zu sein? Geh raus, lies dieses Buch, setz dich auf eine Bank oder in einen Park und genieße die Einsamkeit mit einem guten Buch. Hier geht es darum, deine Angst zu akzeptieren, sie zu umarmen und dich zu ermutigen, sie zu überwinden.

<u>ZUSAMMENFASSUNG ZUR ÜBERWINDUNG DEINER ÄNGSTE</u>

1. Hör auf, vor deinen Ängsten wegzulaufen.

2. Stell dich ihnen und akzeptiere sie.

3. Angst ist ein mentaler Zustand, der sich in einen physischen Zustand verwandelt. Trau dich, sie herauszufordern.

4. Überwinde sie, umarme die Angst, wirf dich auf sie und am Ende wirst du entdecken, dass es mehr war, als du dachtest.

5. Beginne mit kleinen Handlungen.

6. Wenn die Angst auftaucht, handle! Lass dich nicht von ihr mitreißen.

In diesem Kapitel haben wir gelernt, wie die negative Denkweise unser Leben in Form von Ängsten beeinflusst und wie diese uns beim Flirten blockieren. Wir haben auch gelernt, uns ihrer bewusst zu sein und sie durch eine positive Denkweise zu akzeptieren. Im nächsten Kapitel werden wir über das Selbstvertrauen sprechen, einen unerlässlichen Faktor, um ein Verführer zu werden.

¿UND DU? VERTRAUST DU DIR?

Kapitel 4

Ohne Vertrauen kannst du keine Ziele erreichen, geschweige denn eine Frau erobern oder verführen. Es ist ein entscheidender und äußerst wichtiger Aspekt, um jeglichen Erfolg zu erzielen, ebenso wie es beim Verführen entscheidend ist. In gewisser Weise ist es alles, denn Vertrauen erzeugt Anziehung und Sicherheit. Wir alle wissen, dass Frauen in gewisser Weise Sicherheit suchen, und durch Selbstvertrauen machst du sie sicher.

Lass es mich besser erklären: Vertrauen erzeugt Sicherheit, tatsächlich hast du Vertrauen, weil du gleichzeitig von dir selbst überzeugt bist. Diese Sicherheit projiziert sich in Form von Vertrauen und dringt ins Unterbewusstsein der Frau ein, indem sie sagt: "Wow, dieser Kerl fühlt sich sicher, er hat Vertrauen in sich selbst, und das lässt mich ihm vertrauen und gleichzeitig fühle ich mich sicher wegen der Sicherheit, die er ausstrahlt." Es mag ein wenig verwirrend klingen, aber es ist ein einfaches und einfaches Prinzip. Mach dir keine Sorgen, wenn du es noch nicht verstehst, du wirst es mit der Zeit begreifen. Hier ist wichtig, dass du die Idee behältst und sie in deinem Kopf reifen lässt.

Ich verstehe, dass du Zweifel hast, vielleicht befindest du dich jetzt in einem Moment deines Lebens, in dem du dich unsicher und ohne Vertrauen fühlst. Das ist normal, ich habe das auch durchgemacht und ich verstehe dich. Aber genau deshalb weiß ich aus Erfahrung, dass es nicht angenehm ist, eine unsichere Person zu sein. Im Gegenteil, es ist frustrierend und ärgerlich zu sehen, dass aufgrund dieser Einschränkung wunderbare Chancen im Leben oder in diesem Fall bei Frauen verloren gehen. Wenige Frauen wollen einen unsicheren Kerl in ihrem Leben, einfach weil er kein Vertrauen und keine Sicherheit ausstrahlt. Vertrauen ist ein entscheidender Faktor, um Anziehung zu erzeugen.

Glücklicherweise ist Vertrauen keine angeborene Eigenschaft. ES KANN ERWORBEN WERDEN! Es ist nur eine Frage der Übung und einer positiven Denkweise. Du brauchst nichts Weiteres. Am Anfang musst du glauben, dass du es kannst, aber es reicht nicht nur zu glauben, du musst fest daran glauben, du musst an deine Veränderung glauben und vor allem deinen Erfolg in der

Zukunft vor Augen haben. Du musst dich als einen selbstbewussten Verführer sehen! Und sicher sein, dass du dein Ziel koste es, was es wolle und was auch immer passiert, erreichen wirst. Dann versichere ich dir, dass du dein Ziel erreichen wirst und tatsächlich ein Frauenheld sein wirst, dem nur wenige widerstehen können. Aber zuerst musst du daran glauben und dann daran arbeiten.

Der beste Rat, den ich dir geben kann, ist, dass alles von dir abhängt. Du musst der Erste sein, der daran glaubt, und wenn du glaubst, dass du es schaffen wirst, dann wirst du können. Es wird dir wahrscheinlich schwerfallen, es wird nicht einfach sein, und du wirst Fehler machen, aber das sind die notwendigen Schritte, um dich zu verbessern und zu wachsen. Selbstvertrauen ist entscheidend, und ich weiß, dass du es mit Anstrengung und Übung erlangen kannst.

- Jetzt werde ich dir eine Reihe von Ratschlägen geben, die dir helfen können, dein Selbstvertrauen zu stärken, damit auch du ein Verführer werden kannst.

- Vergleiche dich nicht mit anderen. Messee deinen Fortschritt an dir selbst. Vergleiche dich mit deinem vergangenen Selbst, um deine persönlichen Erfolge zu sehen. Wenn du dich vergleichst, betrachte die positiven Eigenschaften dieser Person und versuche, sie zu übernehmen.

- Finde das Wie und Warum. Überwinde dich jeden Tag mit kleinen Zielen. Es gibt keine konkrete Methode, sondern viele Handlungswege, und du musst deinen eigenen finden. Klare Gründe dafür zu haben, warum du dich ändern möchtest, wird dir dabei helfen, es zu erreichen.
- Positive Denkweise. Die wichtige Sache ist, die Veränderung wollen und glauben, dass du in der Lage sein wirst, sie zu erreichen. Die ersten Schritte beginnen immer in deinem Kopf.
- Lerne, allein zu sein. Fange mit kleinen Aktionen an, wie zum Beispiel alleine auszugehen, einen Wochenendausflug in die Berge zu machen oder alleine zu reisen. Du wirst lernen, mit dir selbst zu leben, und noch wichtiger ist, es wird dein Selbstvertrauen stärken.
- Sende dir selbst eine Botschaft. Du bist eine einzigartige Person. Es gibt niemanden wie dich. Du hast großartige Qualitäten, die du stärken oder entdecken kannst. Glaube fest daran, und dein Vertrauen wird wachsen. Wiederhole es jeden Tag, bis du es wirklich verinnerlichst und es Teil von dir machst.
- Setze dir Ziele und Aufgaben. Beginne mit kleinen Schritten. Zum Beispiel sollten deine Ziele jetzt sein, Selbstvertrauen zu

gewinnen, du selbst zu sein und ein Verführer zu werden.

Als ich ein Teenager war, war ich einer der größten Außenseiter der Klasse, wenn nicht der größte. Ich war ein Kerl, der sein eigenes Ding machte, der in keine Gruppe passte, und leider haben sich alle über mich lustig gemacht, um ehrlich zu sein.

Wie natürlich ist, hatte ich kein Selbstvertrauen, mochte mich nicht und fühlte mich unsicher bis zu meinem eigenen Schatten. Wie du dir vielleicht vorstellen kannst, war das kein angenehmes Gefühl. Außerdem habe ich mich immer mit anderen verglichen, habe gedacht, dass ich wegen meiner Haare, die anders waren, niemandem gefallen würde. (Ich bin rothaarig mit Sommersprossen). Ich war die ganze Schulzeit über so, mit einer Mentalität der Unsicherheit, Angst und Mangel an Vertrauen.

Als ich älter wurde, änderte ich meine Denkweise vollständig. Ich konzentrierte mich darauf, eine positive Denkweise zu entwickeln, setzte mir kurz- und langfristige Ziele. Plötzlich sprach ich mit schönen Worten über mich selbst, schickte positive Botschaften und gewann nach und nach mehr Selbstvertrauen. Ich beschloss auch, mehr Zeit alleine zu verbringen, um mein Selbstvertrauen zu stärken und mich selbst herauszufordern. Das war einer der Gründe, warum ich beschloss, nach London zu ziehen.

Dennoch hatte ich aufgrund all der Jahre des Misstrauens und der Spötteleien emotionale Defizite. Es gab also immer noch viel Arbeit zu tun, aber ich machte Fortschritte, was wichtig ist, in meinem eigenen Tempo, aber ich machte Fortschritte.

Glücklicherweise war ich mir meiner Probleme ziemlich bewusst, also begann ich einen Weg der Selbstverbesserung, der viele Jahre dauerte. Es war erst, als ich nach London zog, dass ich mehr Vertrauen gewann. Es war zweifellos ein langer Weg, aber ich schaffte es. Man könnte sagen, dass ich mich bewusst und manchmal unbewusst in schwierige Situationen brachte, die mir halfen, mich zu übertreffen, selbstbewusster zu werden und letztendlich eine bessere Version von mir selbst zu werden. Das half mir, die verführerische Mentalität zu entwickeln, die ich jetzt habe. Damit sage ich nicht, dass du in eine andere Stadt ziehen sollst (was sehr positiv sein könnte), aber vielleicht könntest du darüber nachdenken, alleine zu reisen, um herauszufinden, woraus du gemacht bist.

Aktuell, während ich dieses Buch schreibe, reise ich alleine durch Thailand. (Wie du bereits aus der Geschichte weißt, die ich im vorherigen Kapitel erzählt habe.) Es gibt keine Spuren mehr von dem schüchternen und unsicheren Kind, im Gegenteil, ich habe großes Selbstvertrauen und liebe es, mich in schwierige Situationen zu bringen, um die

Herausforderungen des Lebens zu meistern. Nicht zu schweigen davon, dass ich hier in Thailand mit fast jeder Frau ausgehe, die mir vorschlägt, was diese Solo-Reise noch besser macht. Ich kann dir versichern, dass ich es mit Freunden nicht so genießen würde, denn oft müsste ich mich ihnen anpassen, und ich liebe es, das zu tun, worauf ich Lust habe, ohne mich erklären zu müssen.

Also, lieber Leser, wenn ich meine Ängste und mein mangelndes Selbstvertrauen überwinden konnte, um ein Verführer, Reisender und ein sehr selbstbewusster Kerl zu werden, dann wirst du es ohne Zweifel auch schaffen, besonders jetzt, da du dieses Buch liest. Im Folgenden findest du einige Übungen, um dein Selbstvertrauen zu stärken und dir zu helfen, ein attraktiverer und selbstbewussterer Kerl zu werden.

<u>Übung</u>

1. Lerne die sechs Tipps zur Überwindung von Angst auswendig, internalisiere sie und mache sie zu deinen eigenen.

2. Stärke dein Selbstvertrauen. Schreibe die positiven Eigenschaften auf, die du zu haben glaubst, und bemühe dich, sie zum Leuchten zu bringen. Wenn sie dir zu wenige erscheinen, füge die Eigenschaften hinzu, die du erwerben möchtest. Und jetzt, handle, als ob du sie bereits zu deinen eigenen gemacht hättest!

3. Ich möchte, dass du laut sagst: 'Ich bin eine einzigartige Person! Ich habe Potenzial! Ab heute werde ich die beste Version von mir selbst geben! Ich bin meine Begrenzung! Ich bin meine Lösung!' Versprichst du, deine Einstellung maximal beizubehalten, damit dich nichts und niemand aufhält?

4. Halte schriftlich fest, welche Ziele du in diesem Moment hast. Vergiss nicht, dies realistisch zu tun, indem du das Datum angibst, an dem du dein Ziel erreichen möchtest, und was du dafür tun wirst. Der Geist hat Macht! Mache dir selbst ein Versprechen!

5. Widme Zeit dem Alleinsein, stelle dich auf die Probe. Mach eine Reise in die nächste Stadt, geh alleine in den Park mit der

Absicht, mit einem Fremden zu sprechen, oder gehe einfach alleine aus. Stelle dich auf die Probe und finde heraus, woraus du gemacht bist!

Bitte lies nicht weiter, bis du deine Ziele schriftlich festgehalten hast, denn dadurch kommst du deinen Zielen näher und wirst sie in Zukunft präsenter haben.

DIE FRAU

Kapitel 5

Nun, da du mental vorbereitet bist, wollte ich ein eigenes Kapitel der Frau widmen. Ihr müsst verstehen, dass es für den Einstieg in die Verführungswelt sehr wichtig ist, die Frau zu verstehen und zu begreifen. Dies ist ein grundlegender und unerlässlicher Schritt, um ein Verführer zu werden und euer Ziel zu erreichen, erfolgreich jede Frau zu verführen, die ihr euch vorgenommen habt.

Im Laufe meiner Erfahrung habe ich festgestellt, dass viele Männer völlig unwissend sind, wenn es darum geht, die Frau zu verstehen und zu begreifen. Das ist der Grund, warum viele Männer nicht in der Lage sind, mit Frauen zu sprechen und sie zu verführen, weil sie sie nicht verstehen. Du kannst keine Frau verführen, wenn du sie nicht verstehst! Es ist, als würde man ein Produkt verkaufen wollen, ohne auch nur zu wissen, was man anbietet. Wie du dir vorstellen kannst, ist das ziemlich kompliziert. Und dasselbe gilt für Frauen. Es wird dir kaum gelingen, sie zu erobern, wenn du die universellen Merkmale der Frau, das heißt, wie sie denkt und handelt, nicht verstehst. Ich sage nicht, dass alle Frauen gleich sind, ganz und gar nicht. Jede Frau oder Person ist eine Welt für sich, die es zu erkunden gilt, und sie wird dich immer wieder überraschen. Trotzdem gibt es Muster und Ähnlichkeiten, die sich wiederholen. Wahrscheinlich hast du bemerkt, dass es dasselbe mit Männern ist; wir können unterschiedlich sein, aber letztendlich haben wir gemeinsame Verhaltensweisen und Muster, die uns als Männer auszeichnen. Das gilt auch für Frauen.

Bevor wir zu den universellen Merkmalen der Frau übergehen, möchte ich über die häufigsten Fehler sprechen, die ich bei Männern sehe, wenn es darum geht, mit Frauen zu interagieren und sie zu behandeln. Ich bin sicher, dass euch das allen schon mehr als einmal passiert ist. Mir selbst ist es passiert, weil ich die Frau nicht verstanden habe.

HÄUFIGSTE FEHLER BEIM UMGANG MIT EINER FRAU

1. Die Frau idealisieren. Ein großer Fehler, den viele Männer machen, besonders diejenigen, die Selbstvertrauen vermissen, besteht darin, die Frau zu vergöttern. Sie sehen sie als unerreichbares Wesen, als jemanden von einem anderen Planeten, als etwas, das sie niemals verstehen oder erreichen können. Dies geschieht, weil sie keine Ahnung davon haben, wie das Spiel funktioniert und weil sie die Frau nicht kennen. Eine Frau ist ein Mensch, dein Gegenüber, du musst sie als Gleichgestellte betrachten, sie ist eine Person, fühlt, lebt und genießt genauso wie du, genauso wie sie Liebe, Zuneigung und Sex braucht, genauso wie du. Du musst es nur verstehen, und wenn du es verstehst, wirst du feststellen, dass ihr am Ende nicht so verschieden wart und sie nicht so unerreichbar war. Geduld und Übung, lieber Leser, werden dich dazu bringen, die Dinge so zu sehen.

2. Die Frau wie einen Mann behandeln. Ein weiterer großer Fehler, den ich bei Männern sehe, wenn es darum geht, Frauen zu verführen, ist ein Übermaß an Männlichkeit. Ich sage nicht, dass du deine

männliche Energie nicht nutzen sollst, was ich meine ist, dass ... Du kannst eine Frau nicht so behandeln, wie du es mit deinem besten Freund tun würdest. Es ist wahr, dass eine Frau dir ebenbürtig ist und ein Gegenüber ist - niemand ist mehr oder weniger, da besteht kein Zweifel -, aber es ist eine Tatsache, dass wir uns unterschiedlich verhalten. Die Frau verhält sich wie eine Frau und der Mann verhält sich wie ein Mann. Im Allgemeinen funktioniert das so, auch wenn es, wie im Leben üblich, Ausnahmen gibt, aber lasst uns uns jetzt auf das Wesentliche konzentrieren. Also verstehe zuerst, wie die Frau denkt, lerne sie kennen, und dann handle entsprechend. Du wirst sehen, wie du bessere Ergebnisse erzielst. Ich werde versuchen, es später besser zu erklären.

3. Die Frau als sexuelles Objekt behandeln. Bitte vergiss es, von hinten an sie heranzutreten und in einem Club anzutanzen. Das wird nicht funktionieren. Genauso wenig wird es funktionieren, sie von hinten anzufassen, ohne sie zu kennen, und tausend andere Dinge, die Männer in den Nächten meiner Erfahrung getan haben. Fehler, die durch Unkenntnis entstehen. Anstatt das zu tun, sprich mit ihr, lerne sie kennen, lade sie zum Tanzen

ein, küsse sie, verführe sie. Verhalte dich nicht wie ein Höhlenmensch. Wir müssen verstehen, dass die Frau KEIN SEXUELLER GEGENSTAND ist, sie ist nicht nur dazu da, deine Bedürfnisse zu befriedigen. Wenn wir das nicht verstehen, können wir das Verführungsspiel nicht spielen. Also, je früher du dir diese Vorstellung aus dem Kopf schlägst, glaube mir, desto bessere Ergebnisse wirst du haben. Selbst wenn dein letztes Ziel ist, mit ihr zu schlafen (das ist normalerweise meins), ist es besser, wenn du es tarnt, sei nett, sei du selbst und lass alles auf natürliche Weise geschehen.

Jetzt, da du die häufigsten Fehler kennst, die beim Umgang mit einer Frau gemacht werden, kommen wir zum Verständnis der Frau. Lassen Sie uns mit dem beginnen, was interessant ist; lasst uns das große Geheimnis lösen. Diese Überlegungen, die ich jetzt mit euch teilen werde, sind das Ergebnis von Jahren der Erfahrung des Zusammenlebens mit Frauen, die mich dazu gebracht haben, es auf diese Weise zu sehen. Tatsächlich habe ich den größten Teil meines Lebens mit Frauen verbracht. Ich habe mit vier Frauen in meinem Haus gelebt, meinen drei Schwestern und meiner Mutter, und als ich in die Welt der Verführung eintrat, verbrachte ich mehr Zeit mit Frauen als mit meinen Freunden. Also hat mir die Erfahrung Weisheit in diesem Bereich gebracht, und ich möchte sie euch so gut wie möglich weitergeben, damit auch ihr die Frau verstehen und begreifen könnt. Das wird euch die Aufgabe erleichtern, in die Welt der Verführung einzusteigen.

Wenn ich über die Frau im Sinne der Verführung nachdenke, fallen mir fünf große Eigenschaften ein: Liebe, Emotion, Vertrauen, emotionale Sensibilität und Erwartung. Es gibt viele weitere Eigenschaften wie Leidenschaft, Fürsorglichkeit, Verantwortung, Glück und vieles mehr. Ich werde mich jedoch darauf konzentrieren, die ersten fünf zu entwickeln, da ich denke, dass sie alle anderen einschließen und euch helfen werden, die Frau grob zu verstehen, wenn es darum geht, sie zu verführen. Ich erinnere daran, dass jede Person eine andere Welt ist. Dennoch glaube ich, dass das Verständnis dieser Eigenschaften euch helfen wird, Frauen besser verführen zu können.

<u>VERSTEHEN DER FRAU ZUM VERFÜHREN</u>

Liebe. Warum Liebe? Nun, denke an deine Mutter und alles, was sie in deinem Leben für dich getan hat. Wenn es etwas gibt, das diese Handlungen beschreiben könnte, dann ist es Liebe. Daher verkörpert die Frau Liebe, weil sie darauf vorbereitet ist, Mutter zu sein. Ihr mütterlicher Instinkt ist sehr entwickelt und kommt von Natur aus. Eine Frau wird sich im Allgemeinen um dich kümmern, sich um dich sorgen und das Beste für dich wollen, wenn du sie gut behandelst (es gibt immer Ausnahmen, besonders in der heutigen Social-Media-Zeit). Aber im Allgemeinen ist es etwas, das Teil ihres Instinkts ist. Erinnert es dich nicht an deine Mutter? Also ist die erste Hauptmerkmal der Frau Liebe oder mütterlicher Instinkt.

Emotion. Wenn es eine andere Eigenschaft gibt, die meiner Erfahrung nach auf Frauen zutrifft, wenn es darum geht, sie zu verführen, dann ist es Emotion. Frauen sind emotional. Es ist eine Tatsache, dass sie mehr fühlen als Männer und eine entwickeltere emotionale Intelligenz haben. Warum sonst glaubst du, kann eine Frau erkennen, wenn du lügst, nicht du selbst bist oder einfach nur ein Versager bist? Das ist keine Magie; es liegt an der emotionalen Intelligenz. Es ist natürlich. Diese entscheidende Eigenschaft macht sie einzigartig. Indem sie emotionaler sind, kümmern sie sich mehr um Details, Farben, Erscheinungsbild, Gefühle und suchen immer nach Glück (du hast vielleicht bemerkt, dass sie immer lieber mit Männern zusammen sind, die sie zum Lachen bringen). Während du als Mann eher von Vernunft und Instinkten geleitet wirst, werden sie als Frauen mehr von ihren Sinnen und Emotionen geleitet. (Deshalb ist es für sie einfacher, den Partner zu wechseln, wenn sie spüren, dass jemand anderes ein besserer Verehrer ist oder sie einfach mehr Emotionen fühlen lässt oder sie besser behandelt, nachdem du versagt hast.) Für sie ist es wichtiger, überrascht zu werden, als zu wissen, was passieren wird. Es ist für sie wichtiger, dass du sie verstehst, deshalb werden sie es dir nie mit Worten ausdrücken, sondern durch Taten, um zu prüfen, ob du sie jenseits von Worten verstehst. In gewisser Weise versuchen sie die folgende Botschaft zu übermitteln: „Ich werde dir die Nachricht nicht direkt sagen, weil ich sehen möchte, ob du dich wirklich um mich kümmerst und ob du dir die Mühe machst, mich jenseits von Worten zu verstehen." Sie wollen deine Aufmerksamkeit, aber ihr Stolz als Frauen hindert sie daran, es mit Worten auszudrücken. Deshalb sind sie reine Emotion und sie wollen, dass du es mit Taten und Handlungen beweist, nicht nur mit Worten.

Vertrauen. Die Frau ist Vertrauen, denn sobald sie in dein Leben tritt, wird sie dir voll und ganz vertrauen. Sie benötigt Vertrauen, um sich wohl und sicher zu fühlen. Das ist der Grund, warum sie es dir gewähren. Sei jedoch darauf aufmerksam, dass sie es im Allgemeinen nur einmal gewähren werden. Sobald ihr Vertrauen gebrochen ist, ist es im Allgemeinen sehr schwierig für sie, dir wieder voll zu vertrauen, und oft wirst du durch jemand anderen ersetzt (ich spreche aus Erfahrung, so schmerzhaft es auch sein mag, es neigt dazu der Fall zu sein).

Emotionale Sensibilität. Oder was wir alle als Verrücktheit bezeichnen. Aus meiner Sicht haben alle Frauen, mit denen ich zusammen war, einschließlich meiner Mutter, Schwestern und sogar meiner Großmütter, diese Eigenschaft. Es ist etwas schwer zu erklären und zu verstehen. Trotzdem werde ich versuchen, die besten Worte zu finden. Es ist wissenschaftlich erwiesen, dass Hormone unser Verhalten beeinflussen. Frauen sind ein Vulkan von ausbrechenden Hormonen, und das liegt an der Menstruation und ihrer Bedingung als Frauen. Wenn wir dies mit ihrer natürlichen Veranlagung kombinieren, emotionaler zu sein als Männer, erhalten wir eine so dünne emotionale Sensibilität, dass, wenn sie gebrochen wird... Vorsicht, die Bestie kommt zum Vorschein, die an der Grenze zum Wahnsinn liegt, aber nicht dazu wird. Es ist kein Wahnsinn. Es handelt sich um eine Reihe von aufeinander folgenden Reaktionen, die auftreten, wenn Emotionen mit Hormonen kombiniert werden und zu einer emotionalen Instabilität führen, bei der es ihnen schwer fällt, ihre

Emotionen zu kontrollieren. Abhängig von Zeit und Anlass kann dies zu einer Vielzahl von ineinander verschlungenen emotionalen Ausdrücken führen (Liebe, Hass, Traurigkeit, Unsicherheit und einiges mehr), die für uns Männer schwer zu verstehen oder sogar als Wahnsinn abzutun sind, was es jedoch nicht ist. Daher müssen wir hier diesen Zustand verstehen, akzeptieren und tief durchatmen, während wir gleichzeitig unsere Identität bewahren und uns nicht von den Dramen mitreißen lassen. Ich kann euch keinen besseren Rat geben. Ich beschränke mich nur darauf, das auszudrücken, was ich verstanden habe.

Erwartung. Aus diesem einfachen Grund wird die Frau dich immer auf die Probe stellen. Es ist etwas Natürliches. Sie werden deine Wertigkeit prüfen, um sicherzustellen, dass es sich lohnt, Zeit mit dir zu verbringen. Wir alle wissen, dass Frauen seit den Anfängen der Menschheit die stärksten oder mächtigsten Männer ausgewählt haben, um die Fortpflanzung der Spezies zu gewährleisten; es ist etwas Biologisches. Glücklicherweise hat sich dies für uns ziemlich geändert. Dennoch bleibt die Essenz dieser Eigenschaft erhalten, und aus diesem einfachen Grund wird die Frau dich immer auf die Probe stellen und deine Wertigkeit prüfen. In gewisser Weise ist dies eine Art Verteidigung für Männer, die nicht die Anforderungen erfüllen, und aus diesem einfachen Grund werden die Frauen dich oft in vielen Situationen abweisen, wenn du versuchst, mit ihnen zu flirten. Es ist ihre Art, dich auf die Probe zu stellen.

Aber was hat das alles mit Verführung zu tun? Einfach alles; wenn du das Verhalten oder die Eigenschaften der Frau nicht verstehst, kannst du das Spiel der Verführung nicht spielen. Ich werde es euch mit einer Reihe von Beispielen genauer erklären.

Wenn ich anfange, mit einer Frau zu sprechen und sie zu erobern, muss ich zuerst verstehen, dass sie Liebe, Emotion, Vertrauen, emotionale Sensibilität und Erwartungen verkörpert. Wie kombiniere ich all das, um sie zu verführen? Das Spiel beginnt.

Das erste, woran ich denken muss, wenn ich eine Frau verführen möchte, ist die emotionale Sensibilität und die Erwartung. Lass mich das genauer erklären. Auf der einen Seite macht die emotionale Sensibilität jeden Flirt unterschiedlich und gleichzeitig unberechenbar. Aus diesem Grund gibt es keine spezifische Technik für die Verführung, und daher musst du dich an ihre Persönlichkeit anpassen, ohne aufzuhören, du selbst zu sein. Andererseits beziehe ich mich mit Erwartung auf die Neigung der Frau zur Ablehnung. Sie werden im Allgemeinen nicht aufnahmefähig sein. Im Gegenteil, sie werden wachsam und defensiv sein, müde von so vielen Männern, die im Laufe ihres Lebens versucht haben, mit ihnen zu flirten. Daher versuchen sie immer, den Besten auszuwählen, sei es physisch, mental oder durch Einstellung. Sie wissen, dass dein Ziel ist, mit ihnen ins Bett zu gehen, daher werden sie auf der Hut sein und dir im Allgemeinen nicht leicht machen. Zusätzlich wird es unter ihnen nicht gut angesehen, als einfaches Mädchen vor ihren Bekannten dazustehen. Daher ist dies ein sehr wichtiger Faktor, den du als Verführer verstehen und darauf vorbereitet sein musst, diese Abwehrmechanismen zu brechen.

Sobald ich dies verstanden habe, was ich zuvor gesagt habe, ist das Zweite, was ich versuchen werde, wenn ich eine Frau erobern möchte, einen guten Eindruck zu hinterlassen, versuchen, anders zu sein und Spaß zu haben. Sie sind Emotion, also muss ich versuchen, eine positive emotionale Reaktion in ihr hervorzurufen, die ihre Abwehrmechanismen durchbricht. Glückwunsch! Dank deiner Originalität und Sympathie hast du eine positive emotionale Reaktion erhalten und jetzt ihre Aufmerksamkeit erregt und ihre Barrieren durchbrochen. Gut, jetzt sind wir einen Schritt näher dran, sie zu verführen.

Jetzt erinnere ich euch daran, dass die Frau Vertrauen ist. Daher müssen wir, sobald wir ihre Aufmerksamkeit haben, Vertrauen vermitteln und zeigen. Selbstsicher zu sein, wird uns viel helfen, dieses Ziel zu erreichen, wie ich bereits im vierten Kapitel erklärt habe. Vertrauen ist sehr wichtig, denn wenn du es richtig vermittelst, originell und lustig bist, hast du eine weitere Barriere gebrochen, die des Timings, und sie wird ihre Zeit mit dir verbringen wollen, da du Vertrauen und positive Emotionen erzeugst. Gut, jetzt sind wir einen Schritt näher. War doch nicht so schwer, oder?

Und was hat das mit der Liebe zu tun, von der du erzählt hast? Es ist einfach. Aus meiner Erfahrung heraus verstärkst du mit Liebe oder Zuneigung das Vertrauen der Frau. Was bedeutet das? Wenn sie sehen, dass du emotional bist, fähig zu fühlen, zu hören und zu respektieren, übermittelst du ihnen viel mehr, als du dir jetzt vorstellst. Die Sensibilität verstärkt das Vertrauen zu deiner Person, da du sie in gewisser Weise an ihren mütterlichen Instinkt erinnerst. Ein Trick, der sich als sehr effektiv erweist, ist, die Rollen zu tauschen, in dem Sinne, dass ich die Rolle der Frau übernehme, um ihr noch mehr Interesse an meiner Person zu wecken. Wenn du diese Theorie kennst und verinnerlichst, bin ich sicher, dass sie dir helfen wird, im Laufe deines Lebens viele Frauen leichter zu verführen.

Diese Theorie klingt sehr schön und einfach, wenn sie so erklärt wird. Aber um dorthin zu gelangen, ist die Praxis erforderlich. Ich gebe dir nur mein Wissen, damit du darüber nachdenken kannst, aber deine Arbeit wird die Ergebnisse bringen. Vor allem möchte ich nicht, dass du alles, was ich dir übermittle, befolgst oder dass du mich wörtlich nimmst. Ich möchte, dass du nachdenkst und deine eigenen Schlussfolgerungen ziehst. Aber vor allem, nimm Maßnahmen und fang an, es umzusetzen.

Jetzt, da du mental vorbereitet bist und die grundlegenden Merkmale der Frau grob kennst, bist du bereit, auf deinem Lernweg in der Welt der Verführung weiter voranzuschreiten. Im nächsten Kapitel werden wir das Spiel der Verführung behandeln.

DER SPIELSPASS BEGINNT!

Kapitel 6

Faszinieren, blenden, fesseln, bezaubern, erobern, verblüffen, verzaubern, gewinnen. Alle sind gültige Worte, um Verführung zu beschreiben. Verführen ist die Kunst, das zu bekommen, was du willst, ein Nein in ein Ja zu verwandeln, der anderen Person zu zeigen, dass sie tatsächlich das brauchte, was du ihr angeboten hast. Dies gelingt durch Feingefühl, Überzeugungskraft, Schlauheit, Empathie und Übung. Es dient sowohl dazu, ein Produkt zu verkaufen als auch, in diesem Fall, eine Frau zu erobern. Aber... Warum fällt es uns so schwer, diese Kunst zu beherrschen? Warum können einige das und andere nicht? Ist es eine angeborene Eigenschaft? Kann man es lernen? Hat Verführung nur mit Sex zu tun? Wie kann ich verführen?

Nun, wenn Sie den vorherigen Kapiteln aufmerksam gefolgt sind, bin ich sicher, dass Sie viele dieser Fragen richtig beantworten können.

Falls nicht, machen Sie sich keine Sorgen, denn am Ende dieses Buches bin ich sicher, dass Sie es herausgefunden haben werden.

Die Verführung ist für ein Kind wie ein Spielzeug. Für mich ist es das Spiel der Erwachsenen, mein liebstes Hobby, die Kunst, aus einem Nein ein Ja zu machen. Und natürlich! Es macht das Leben schöner und angenehmer. Es ist wie ein Spiel zwischen zwei Personen, bei dem du die Hindernisse überwinden musst, die dir die andere Person in den Weg legt, um dein Ziel zu erreichen.

In diesem Spiel geht es nicht darum zu gewinnen, sondern darum zu genießen. Du musst genauso viel Spaß haben wie die Person, die du erobern möchtest. Du bietest ihr einen einzigartigen Moment, den du nur in diesem Augenblick schenken kannst. Aber um ihr das zu geben, musst du zuerst glauben, dass du es kannst. Deshalb musst du die beste Version von dir selbst zeigen, überraschen, origineller sein, sie zum Lachen bringen und, am wichtigsten, ihr das Gefühl geben, dass du jemand bist, den es lohnt kennenzulernen, der interessant ist, der authentisch ist. So wird sie dir gerne Zeit geben, dich kennenzulernen, und sie wird es begeistert tun, weil du ihr deine beste Version zeigst. Du holst sie aus ihrer Routine heraus, und die Leute lieben das, dass man sie aus der Monotonie herausholt und ihren Tag aufhellt. Hier gebe ich Ihnen einen guten Rat: Vergessen Sie, was Sie wollen, und konzentrieren Sie sich darauf, was sie möchte. Konzentriere dich darauf, ihr diesen Moment genießen zu lassen, sei natürlich, sei die beste Version von dir selbst. Ich garantiere Ihnen, dass Sie beide eine gute Zeit haben werden und der Rest wird von selbst passieren, denn wenn sie sich entscheidet, mit Ihnen weiterzumachen, haben Sie es geschafft, sie hat sich für Sie interessiert, und der Rest hängt wieder von Ihnen ab.

Vor ein paar Wochen war ich wegen Dengue-Fieber neun Tage im Krankenhaus im Norden von Thailand, genauer gesagt in Chiang Rai. (Dumme Dinge passieren, wenn man sich nicht mit Moskitoschutzmittel einschmiert, während der Regenzeit, an einem Ort im Land, wo es ziemlich ansteckend ist. Manchmal bin ich ziemlich dumm, was soll ich sagen?) Zum Glück geht es mir jetzt gut, also gibt es nichts zu befürchten. Ich war eine Woche lang ziemlich angeschlagen und das war's.

Wie du dir vorstellen kannst, hatte ich nach über einer Woche im Krankenhaus ziemlich Lust, mich zu verabreden. Also ging ich in eine Bar, da ich aufgrund der Medikation, die ich einnahm, keinen Alkohol trinken konnte, bestellte ich mir eine Fanta und trank noch zwei weitere, während ich darauf wartete, zu sozialisieren und vielleicht eine Frau kennenzulernen. Die Kellnerin lachte über mich und hörte nicht auf, mir Bier anzubieten. Also nutzte ich ihr Interesse, um mit ihr zu flirten. Ich erzählte ihr die Geschichte, warum ich nicht trinken konnte, und fragte, was sie nach der Arbeit vorhatte. Sie sagte, sie habe sich mit ein paar Freunden verabredet, und wenn ich wolle, könnte ich mitkommen.

Also wartete ich, bis sie mit der Arbeit fertig war. Da ich gerne spiele, war es mir egal, dass sie sich mit Freunden verabredet hatte. Mein Ziel war es, sie zu verführen, und das würde ich zumindest versuchen. Ich habe es immer gehasst, es nicht zu versuchen. Schließlich beendete sie die Arbeit, und wir trafen uns mit ihren Freunden. Wir gingen in eine andere Bar, in der wir zu Abend aßen, während die anderen tranken und ich zuschaute. Natürlich ließ ich keine Gelegenheit aus, mit ihr und ihren Freunden zu sprechen und ihr Vertrauen zu gewinnen. Wie du sehen wirst, geht es darum, nach den ungeschriebenen Regeln der Verführung zu spielen. Wir waren noch eine Weile in der Bar, hatten uns gut kennengelernt und eine gute Zeit miteinander verbracht. Es war schon etwas spät, also wollten alle nach Hause. Es war meine Zeit zu handeln!

Mit viel Natürlichkeit und Selbstvertrauen sagte ich ihr, dass ich mich zu ihr hingezogen fühlte und die Nacht mit ihr verbringen möchte. Ich fragte sie, was sie dazu dachte. Da ich während der ganzen Nacht ein gutes Verführungsspiel gemacht hatte, willigte die thailändische Frau mit den sexy Tätowierungen ein, die Nacht mit mir zu verbringen. Also ging ich zu ihr nach Hause (das war der obere Teil der Bar, wo ich sie bei der Arbeit kennengelernt hatte), wir rauchten einen Joint und ich schlief mit ihr. All dies war möglich, weil ich mich dazu zwang, meine beste Version zu zeigen, ihr und ihren Freunden eine gute Zeit zu bereiten und mich letztendlich auf das zu konzentrieren, was sie und ihre Freunde wollten. Kurz gesagt, ich habe ihnen Freude bereitet und ihnen einen besseren Tag gemacht.

Zusammengefasst ist für mich die Kunst der Verführung nichts anderes als die Kunst des Selbstverkaufs. In meinem Fall verkaufe ich mich gerne als Zeit, als Investition. Das heißt, wenn du in diesem Moment bei mir bleibst, wirst du Zeit für Glück und Zufriedenheit gewinnen. Ich verkaufe einzigartige Momente, und der Preis dafür ist, bei mir zu bleiben. In gewisser Weise übertrage ich die Botschaft: "Bleib bei mir, denn du wirst es genießen. Ich werde dich aus deiner Routine herausholen, dich zum Lachen bringen, deinen Tag verschönern. Wir werden gemeinsam gewinnen, diesen einzigartigen Moment, den wir haben und der wahrscheinlich nie wiederkehren wird, gemeinsam genießen. Bist du dabei?" So verkaufe ich mich. Ich bin Zeit, ich bin ein Romantiker, ich bin ein Ritter des XXI Jahrhunderts, ich bin Freude, ich bin Leidenschaft, ich bin Glück. Aber vor allem bin ich etwas Einzigartiges, das dich aus der Routine herausholt und dir den besten Moment deines Tages bescheren wird. Das ist mein Ziel: Freude zu bringen und deinen Tag zu verbessern. Wenn mir das gelingt, wird der Rest von selbst kommen.

Und du? Wie möchtest du dich verkaufen? Wie möchtest du sein? Glaubst du, dass du dazu in der Lage bist? Überwinde deine Angst! Zeig deine beste Version!

DAS EIS BRECHEN

Was sage ich ihr? Was, wenn ich ihr nicht gefalle? Wird sie mich ablehnen? Was werden meine Freunde sagen? Wahrscheinlich sind dies die Arten von Gedanken, die dir durch den Kopf gehen, bevor du mit einer Frau sprichst. VERGISS sie alle. Wie du bereits wissen solltest und in diesem Buch gelernt haben müsstest, sind diese Gedanken nichts weiter als Ängste, die deinen Verstand täuschen und lähmen, sodass du das Eis nie brichst. Vergiss sie und handle.

Es ist normal, dass dieser Schritt als Anfänger in der Welt der Verführung einer der einschüchterndsten ist. Ich bin jedoch durch diese Phase gegangen und kenne das Gefühl. Ich versichere dir, die Angst in deinem Kopf ist größer als die Realität, es zu tun, denn in Wirklichkeit ist es ein sehr einfacher und leicht zu bewältigender Schritt. Manchmal reicht schon ein einfaches "Hallo, wie heißt du?" aus, um das Eis zu brechen. Verschwende keine Zeit damit, zu überlegen, was du sagen sollst, handle einfach! Der Rest kommt von alleine.

Man sagt, Worte verwehen im Wind. Hier kommt es nicht so sehr darauf an, was du sagst, sondern wie du es sagst. Mach dir keine Gedanken darüber, was du sagen sollst, sondern wie du es sagst. Überlege, was du in jeder Nachricht vermittelst. Die Antwort sollte Selbstbewusstsein und Vertrauen sein. Wenn du das Gegenteil ausstrahlst, endet das Gespräch wahrscheinlich, bevor es begonnen hat.

Es gibt keinen erfolgreichen Satz oder magische Worte, um das Eis zu brechen. Stattdessen gibt es Haltungen, Arten und Weisen, die die Aufgabe erleichtern, damit der erste Eindruck, den du hinterlässt, positiv ist. Das Wichtigste ist, was du beim Brechen des Eises kommunizierst, und das sollte Selbstvertrauen und Sicherheit in dir selbst sein.

<u>Einstellungen und Wege, um das Eis zu brechen.</u>

Körpersprache: Deine Körpersprache spielt eine sehr wichtige Rolle, denn es ist ein großer Unterschied, ob du dich hingebogen näherst und den Blick abwendest oder aufrecht stehst, mit guter Haltung, Präsenz und Blickkontakt. Gestikuliere, lächle, nähere dich, übertrage dein Vertrauen, deine Sicherheit und sprich klar. Zeige, dass du da bist, um dein Ziel zu erreichen!

Stimmlage: Deine Stimme sollte laut und klar sein, wenn du dich mit einer Frau unterhalten willst, besonders in einem lauten Raum. Das bedeutet nicht, dass du schreien sollst, sondern dass du deutlich zu hören bist. Dies wird dazu beitragen, Wert, Vertrauen und Sicherheit in dir selbst zu subkommunizieren. Wenn du hingegen mit leiser Stimme sprichst, wirst du Unsicherheit, wenig Wert und Schüchternheit vermitteln. Denke daran, dass Frauen Expertinnen in der Kunst der Subkommunikation sind. Zeige ihr, dass du ihr vertraust!

Persönlicher Raum: Es ist sehr wichtig, den persönlichen Raum beim ersten Mal, wenn du mit einer Frau interagierst, zu respektieren. Komme nicht zu nah heran, da du sonst wahrscheinlich dazu führen wirst, dass sie sich unwohl und unsicher fühlt; sie wird wahrscheinlich einen Schritt zurücktreten und dir Signale geben, dass sie sich nicht wohl fühlt. Du musst ihr ein wenig Vertrauen gewinnen und das Gespräch vertiefen, um ihren persönlichen Raum zu durchbrechen. Halte dich zu Beginn etwas zurück, so dass es scheint, als würdest du gehen, seitlich, bis du merkst, dass sie interessiert ist, in diesem Fall näherst du dich, es sei denn, sie ist bereits zuvor auf dich zugekommen. Hier musst du viel auf die nonverbale Kommunikation achten; ich habe ein anderes Buch, in dem ich mich mehr auf diese Art der Kommunikation konzentriere, falls du tiefer eintauchen möchtest.

Kontext: Du solltest die Situation und die Umgebung verstehen, in der sich das Mädchen befindet, mit dem du sprechen möchtest, das ist äußerst wichtig. Es ist nicht dasselbe, wenn sie mit ihren Freundinnen tanzt, gemütlich einen Drink genießt oder auf einer Terrasse im Tageslicht einen Kaffee trinkt. Du musst dich an diese Umgebung anpassen und sie verstehen, damit deine Handlungen dem Kontext entsprechen. Um es besser zu verstehen, bedeutet das, dass du zum Beispiel, wenn das Mädchen auf einer Terrasse einen Kaffee trinkt, ruhiger vorgehen solltest und sie zum Beispiel fragen, ob es ihr etwas ausmacht, wenn du dich neben sie setzt. Wenn sie jedoch in einer Diskothek mit ihren Freundinnen tanzt, solltest du auch tanzen und sie nach ihrem Namen fragen und sie zum Beispiel zum Tanzen einladen. Versuche immer, die Umgebung zu deinem Vorteil zu nutzen.

Aber was sage ich jetzt? Ich könnte dir die Sätze sagen, die ich oft benutze, aber das wäre nutzlos, da es nur ein Copy-and-Paste ohne Essenz und Natürlichkeit wäre, was ich sicher bin, dass nicht funktionieren würde. Dein Repertoire an guten Eisbrecher-Sätzen wird mit der Zeit kommen, wahrscheinlich nach vielen Fehlern und peinlichen Situationen. Also fange vorerst mit einfachen Sätzen an, denk nicht zu viel nach, denn sonst wirst du sie nie sagen. Manchmal ist es besser, das Gespräch mit einem einfachen "Hallo" zu beginnen, als es gar nicht zu beginnen. Was ich dir vermitteln möchte, ist, dass es nicht so wichtig ist, was du sagst, sondern wie du es sagst, und dass du dann in der Lage bist, das Gespräch aufrechtzuerhalten und zu wissen, wann es an der Zeit ist, aktiv zu werden. Natürlichkeit ist sehr attraktiv. Zeige einfach Interesse an ihr und versuche, sie zum Lachen zu bringen, und wenn es dir gelingt, hast du das Eis erfolgreich gebrochen.

Bevor ich nach Thailand kam, vor einigen Monaten, als ich noch in Spanien, in meiner Heimatstadt Valencia, war, spazierte ich durch einen Park bei Tageslicht. Während ich lief, fiel mein Blick auf ein Mädchen, das auf einer Bank saß. Sie hatte dunkle Haut, große schwarze Augen, ein hübsches Gesicht mit vollen Lippen, sie war schlank, aber mit Kurven, alles in allem, in meinen Augen ziemlich schön und attraktiv.

Wie es mir gelegentlich passiert, begann ich mit den typischen mentalen Ausreden, um nicht mit ihr zu sprechen. Ich überwand sie auf die Weise, die ich schon in einigen anderen Geschichten erwähnt habe. Also ging ich auf sie zu, immer aufrecht gehend, Sicherheit zeigend und natürlich mit einem Lächeln. Ich entschied mich, mich mit einem einfachen "Hallo, wie geht's?" vorzustellen. "Ich bin Giovanni und würde dich gerne kennenlernen. Wie heißt du?"

Natürlich ließ ich sie antworten. Dann stellte ich mich vor und fragte nach ihrem Namen. Wie du sehen wirst, war der Einstieg ziemlich einfach, aber ich hatte bereits das Eis gebrochen, also sprach ich weiter mit ihr. Ich bemerkte, dass sie Ausländerin war, also begann ich, mich für sie zu interessieren. Wieder typische Fragen, nichts Extravagantes. "Woher kommst du? Was machst du hier? Und was machst du beruflich?" Nachdem wir ein wenig gesprochen hatten, schlug ich vor, einen Kaffee trinken zu gehen, woraufhin sie ablehnte, weil sie sich später verabredet hatte und keine Zeit hatte, da sie noch etwas mehr lesen wollte. Ich gab nicht auf. Also sagte ich ihr, dass ich es verstand und es in Ordnung sei, dass ich ihr einen schönen Tag wünschte, aber dass ich mich freuen würde, sie zu einem anderen Zeitpunkt zu treffen, um etwas zu trinken und uns kennenzulernen. Ich fragte sie, ob sie Lust auf dieses Treffen hätte, und sie sagte ja, also bat ich um ihre Telefonnummer.

In solchen Fällen ist es sehr wichtig, nachdem man einen Plan vorgeschlagen hat, die Telefonnummer zu erbitten, denn wenn man das nicht tut, könnte man zwar die Nummer bekommen, aber sie wird wahrscheinlich nie antworten. Du musst also versuchen, Interesse zu wecken und eine kleine Verbindung herzustellen, damit das Treffen stattfindet. (Achtung! Das ist keine unfehlbare Methode.) Aber es funktioniert ab und zu und ziemlich gut.

Am nächsten Tag schrieb ich ihr und fragte, wann es ihr passen würde, sich zu treffen. Sie sagte, sie sei am Wochenende frei. Also schrieb ich ihr am Freitag erneut, um es zu bestätigen. Sie sagte ab. Aber manchmal muss man ein wenig insistieren, wenn man die Aufmerksamkeit einer Frau erregen will, also schrieb ich ihr am nächsten Dienstag und schlug vor, dass wir uns am selben Nachmittag auf einen Drink treffen. Sie hatte Zeit und hatte wahrscheinlich nichts Besseres zu tun, also stimmte sie zu. Wir trafen uns, tranken etwas und weil es spät war, aßen wir zusammen zu Abend. Nach dem Abendessen schlug ich vor, einen Wein bei mir zu Hause zu trinken. Sie stimmte zu, also war ich mir fast sicher, dass ich sie verführt hatte, wenn sie zustimmte, allein zu mir nach Hause zu kommen. Und genau das war der Fall. Wir verbrachten eine gute Nacht zusammen, während meine Mitbewohner mit Neid zusahen, als sie durch die Tür kam, und dachten: "Da ist er wieder mit einer anderen" (Die typisch negative Einstellung des Mannes, der aus Angst und Unsicherheit keinen Erfolg hat und dann neidisch ist).

Da ich mich selbst als ziemlich romantisch betrachte, blieb ich mindestens ein paar Monate mit ihr in Kontakt, bis sie in ihr Heimatland, Kanada, zurückkehrte. Dies ist eine weitere Sache, die eine gute Verführung mit sich bringt, denn wenn du dich darauf konzentrierst, gute Erfahrungen und Verbindungen zu schaffen, und deine Rolle im Bett erfüllst... Sind Frauen im Allgemeinen immer bereit, bei dir zu bleiben, selbst wenn es nur als "Freunde" (mit Vorzügen) ist, falls das nicht klar genug war mit den Anführungszeichen. Dies liegt daran, dass du durch Verführung, wenn du sie internalisierst und zu einem Teil deiner Mentalität machst, was das Ziel dieses Buches ist. Du schaffst es, den Frauen Empfindungen zu vermitteln, die den meisten Männern aufgrund von Mangel an Wissen und Übung unbekannt sind. Glücklicherweise wird dir das nicht passieren, wenn du die Prinzipien dieses Buches verinnerlichst und anfängst, deine eigene "Verführerische Mentalität" zu entwickeln.

Im Grunde genommen ist der beste Rat, den ich dir geben kann, wenn es darum geht, das Eis zu brechen, dass du aufhörst zu denken, deinen Geist leer lässt und einfach handelst, wenn und wie du es fühlst. Vergiss nicht deine Körpersprache, dein

Lächeln, deine Stimmlage, ihren persönlichen Raum und den Kontext. Am Ende hast du nichts zu verlieren und viel zu gewinnen. Das Schlimmste, was dir passieren kann, ist, dass du in Verlegenheit gerätst und nicht weißt, was du sagen sollst. Übung macht den Meister! Das nächste Mal, wenn du mit einer Frau sprechen möchtest, zögere nicht. Tu es!

UND WAS SAGE ICH JETZT?

Kapitel 8

Nachdem das Eis gebrochen ist, ist es einfach, ein Gespräch mit einer Frau aufrechtzuerhalten. Es hat keinen besonderen Reiz, denn letztendlich sind wir alle Menschen, die soziale Interaktion und den Austausch genießen und größtenteils brauchen, um glücklich zu sein und unser Leben vollständig zu leben. Männer brauchen Frauen und Frauen brauchen Männer. Wenn du jedoch neu in der Verführung bist, ist es völlig normal, dass du sprachlos bist, nicht weißt, was du sagen sollst oder nervös wirst. Wenn dir das passiert, denke daran, was ich gerade gesagt habe, um dich zu beruhigen.

Du musst verstehen, dass du der Protagonist in dieser Situation bist. Du warst es, der die Initiative ergriffen hat, um das Eis zu brechen und mit ihr zu sprechen. Daher ist es deine Aufgabe, das zu zeigen. Du bist der Film und sie ist die eingeladene Gästin. Also ist es als Regisseur deine Aufgabe, sicherzustellen, dass es ein guter Film ist, den es sich lohnt anzusehen. Wenn du jedoch einen schlechten Film projizierst, wird sie sich langweilen und möchte den Kanal wechseln, also wird sie dir Signale geben, dass du aufhören sollst, mit ihr zu sprechen. Zeige deine beste Version! Mach es lohnenswert, dich kennenzulernen!

Manchmal müssen Gespräche nicht sehr lang sein. Fünf bis zehn Minuten reichen aus, wenn du weißt, was dein Ziel ist. Es könnte sein, ihre Telefonnummer zu bekommen, um sich ein anderes Mal zu treffen, sie zu einem Kaffee einzuladen, um euch in dem Moment besser kennenzulernen, zu tanzen oder um einen Kuss zu bitten. Am Ende musst du nur ihr Interesse wecken, um das Gespräch auf dein Ziel hin zu lenken. Dies gelingt dir, wenn du lustig bist, du selbst bist, selbstbewusst, natürlich und spontan bist. Manchmal wird es einfacher sein, manchmal schwieriger, und manchmal wirst du nichts erreichen. Das Wichtigste ist, dass du es versuchst, denn wenn du es nicht tust, wirst du nie wissen, was hätte passieren können. Im Folgenden werde ich euch eine Reihe von Tipps geben, wie ihr ein erfolgreiches Gespräch mit einer Frau führen könnt.

TIPPS ZUM SPRECHEN MIT EINER FRAU

Verwenden Sie offene Fragen. Dies bedeutet, Fragen zu stellen, die über ein einfaches Ja oder Nein hinausgehen. Fragen, die nur mit Ja oder Nein beantwortet werden können, erzeugen wenig Interesse und bieten daher wenig Raum für weiteres Gespräch. Versuchen Sie offene Fragen zu stellen, die ausführlichere Antworten erfordern und weitere Fragen von ihrer Seite aus generieren können. Auch wenn es nicht falsch ist, geschlossene Fragen zu stellen, ist es immer besser, etwas zu sagen, als nichts zu sagen. Es ist also besser, Fragen zu stellen, die zu weiteren Gesprächen einladen. Beispiele für offene Fragen sind: "Was machst du am liebsten?", "Welche Pläne hast du für morgen?", "Was ist deine Lieblingsmusik?", "Was denkst du zu diesem Thema?" und "Was genießt du am meisten im Leben?".

Nutzen Sie Ihre Umgebung. Manchmal kann Ihre Umgebung einer Ihrer besten Verbündeten sein, wenn Sie sprachlos sind. Wenn Sie nicht wissen, was Sie sagen sollen, schauen Sie sich um und nutzen Sie jede Situation, die sich ergibt, um das Gespräch wieder aufzunehmen oder aktiv zu werden. Zum Beispiel ist es hier in Spanien sehr üblich, dass Fotografen in Clubs vorbeikommen; bitten Sie sie, ein Foto von euch beiden zu machen, das wird sicher ein lustiger Moment sein. Vielleicht läuft gerade ein Lied, das dir sehr gut gefällt; laden Sie sie zum

Tanzen ein. Vielleicht sind Sie auf der Straße und es gibt viele Terrassen, um etwas zu trinken; schlagen Sie vor, einen Kaffee zu trinken. Schauen Sie sich um. Nutzen Sie Ihre Umgebung!

Sprechen Sie leidenschaftlich. Sprechen Sie über das, was Sie begeistert, vermitteln Sie Positivität und Intrigen, versuchen Sie, sie in Ihre Hobbys einzubeziehen. Subkommunizieren Sie, dass Sie sich selbst mögen, dass Sie sich lieben und dass Sie Vertrauen in sich haben. Vergessen Sie nicht, ihr in die Augen zu sehen, ohne sie zu intimidieren. Lächeln Sie, ein Lächeln kommuniziert viel mehr, als Sie denken, und entspannt die Atmosphäre. Zeigen Sie ihr, dass Sie wirklich an das glauben, was Sie sagen, und dass Sie glücklich sind, wer Sie sind. Denken Sie daran, dass Sie der Film sind und sie Ihre eingeladene Gästin ist.

Sei du selbst. Versuchen Sie nicht, jemand zu sein, der Sie nicht sind. Glauben Sie mir, Frauen bemerken das. Seien Sie stattdessen Sie selbst, seien Sie natürlich und stellen Sie clevere Fragen. Nehmen Sie an, dass Sie sprachlos werden, nervös werden und möglicherweise nicht wissen, was Sie sagen sollen. Bleiben Sie stark, akzeptieren Sie es und setzen Sie das Gespräch fort. Sie haben auch interessante Dinge zu sagen! Seien Sie leidenschaftlich! Denken Sie daran, dass es besser ist, etwas zu sagen als nichts zu sagen. Natürlichkeit ist attraktiv!

Messen Sie ihr Interesse. Sie sollten sich nicht

so sehr auf das konzentrieren, was Sie sagen, dass Sie ihre Signale vergessen. Dies kann sowohl positiv als auch negativ für Sie sein. Manchmal ist die Frau einfach an Ihnen interessiert, sodass es egal ist, was Sie sagen, weil sie trotzdem Zeit mit Ihnen verbringen möchte. Es gibt jedoch auch Zeiten, in denen sie sich unwohl fühlt, mit Ihnen zu sprechen, oder einfach nicht weiter sprechen möchte. Wenn Sie sehen, dass sie sich zurückzieht, nicht aktiv auf Ihre Fragen antwortet, sich unwohl oder abwesend fühlt, ist es besser, sich höflich zu verabschieden und das Gespräch zu beenden. Denken Sie daran, Ablehnung wird immer präsent sein, was den Unterschied ausmacht, ist, wie Sie damit umgehen. Wenn Sie jedoch positive Signale bemerken, sehen, dass sie sich für Sie interessiert und empfänglich ist, ist es Zeit zu handeln und einen nächsten Schritt zu machen. In diesem Fall liegt die Entscheidung bei Ihnen, was Sie erreichen möchten.

<u>Denken Sie an Ihr Ziel</u>. Es ist wichtig, jeden Moment des Verführungsspiels zu genießen, einschließlich des Gesprächs. Sie werden jedoch nicht ewig reden, irgendwann müssen Sie das Gespräch beenden und Ihr Ziel erreichen, sei es eine Telefonnummer, einen Kaffee zu trinken oder einen Kuss zu bekommen. Gib dir am Anfang eine bestimmte Zeit, zum Beispiel etwa zehn bis fünfzehn Minuten für das Gespräch, es kann mehr oder weniger sein. Wichtig ist, dass du nach dieser Zeit dein Ziel verfolgst. Normalerweise, wenn sie bis zu diesem Zeitpunkt bei dir geblieben ist, wirst du keine Probleme haben und sie wird dir ihre Nummer geben, einem Kaffee zustimmen oder gerne einen Kuss von dir bekommen. Aber pass auf, vergiss die Signale nicht. Du hast nichts zu verlieren und es kann viel zu gewinnen geben, wenn du es versuchst! Also... enthülle deine Karten, wenn die Zeit gekommen ist!

Vor ein paar Tagen kam ich in Vietnam an. Wie du sehen kannst, setze ich meine Reise alleine fort, während ich weiterhin meine Erfahrungen niederschreibe und dir davon erzähle, um dir dabei zu helfen, selbst ein natürlicher Verführer zu werden. Ich war in der Stadt Hue. Es ist die Zeit des Monsuns, also hat es wie verrückt geregnet. Ich war gerade angekommen, völlig durchnässt, daher beschloss ich dieses Mal, einen Blick auf Tinder zu werfen (manchmal benutze ich es, und das Wetter war nicht geeignet, um Experimente zu machen). Ich bekam einen Match und beschloss, sie anzuschreiben, mit der Absicht, mich noch am selben Abend zu treffen. Sie antwortete, dass sie mit einigen vietnamesischen Freunden ausgehen würde und ich eingeladen sei. Da ich keinen besseren Plan hatte, akzeptierte ich dankbar, froh darüber, lokale Leute kennenzulernen, was letztendlich das ist, was ich auf dieser Reise suche: Menschen und verschiedene Kulturen kennenlernen, wie ich dir bereits erzählt habe.

Also kam der Abend und ich erschien in der

Bar, in der sie waren. Das Mädchen empfing mich. Leider sah sie viel schlechter aus als auf dem Foto, also gefiel sie mir überhaupt nicht. Aber ich war schon dort, also würde ich die Gelegenheit nicht verpassen, neue Leute kennenzulernen. Glücklicherweise für mich gab es andere Frauen, und insbesondere eine, die meine Aufmerksamkeit erregte. Natürlich war ich höflich und sprach mit dem Mädchen, das mir nicht gefiel (ich bin nicht so gemein), aber ich versuchte immer, Blickkontakt mit einer anderen herzustellen.

Da ich der einzige Ausländer war, hatte ich ziemliches Glück, und alle Männer wollten mit mir reden, sie waren neugierig auf mich und den Grund, warum ich alleine reise. Ein weiterer Pluspunkt für mich war, dass während die Frauen beobachteten, wie ich mich in der Gruppe bewegte, selbstbewusst, sicher und lustig war, konnte ich spüren, dass sie mich in ihren Augen attraktiv fanden, wegen meiner Lockerheit in der Gruppe.

Während ich mit den Jungs sprach, tauschte ich Blicke mit dem Mädchen aus, das mir gefiel. Ich bemerkte, dass sie mir Aufmerksamkeit schenkte und immer lächelte, wenn sie bemerkte, dass ich sie ansah. Ich beschloss, zu ihr zu gehen und mit ihr zu sprechen. Da wir uns bereits zuvor vorgestellt hatten, war es nicht notwendig, dies erneut zu tun. Die Wahrheit ist, dass ich zu diesem Zeitpunkt nicht genau wusste, was ich sagen sollte, also begann ich mit den üblichen Fragen, um uns kennenzulernen.

"Was machst du in deiner Freizeit? Was ist dein Lieblingsessen in Vietnam?" Da sie auch mich fragte und Interesse zeigte, verlief das Gespräch schließlich recht einfach und flüssig. Wir waren in einer großen Gruppe, also unterhielt ich mich weiterhin mit anderen Leuten, aber ich versuchte immer, mehr Interesse an ihr zu zeigen, damit sie es bemerkte.

Wir verließen die Bar, und da das Mädchen mich mochte, war es diesmal sie, die die Initiative ergriff und mich einlud, noch etwas bei einigen ihrer Freunde zu trinken, also stimmte ich zu. Zwischen Alkohol und Gelächter gestand ich ihr meine Gefühle in diesem Moment. Sie freute sich sehr darüber und machte mir Vorwürfe, dass sie dachte, ich würde es ihr nie sagen. Also küsste ich sie. Das Problem war, dass sie nicht von ihren Freunden gesehen werden wollte, also spielten wir Katz und Maus, bis die Nacht vorbei war. Dann schlug ich vor, zusammen in ein Hotel zu gehen. Sie stimmte zu, bat mich aber, dort auf sie zu warten, da sie nicht wollte, dass ihre Freunde sie mit einem Fremden weggehen sahen. Ich wartete, und wie erwartet, kam sie pünktlich zum Date.

Ich hatte eine gute Nacht mit ihr, wir wollten uns noch einmal treffen, aber am Ende ging ich nach ein paar Tagen nach Hanoi. Dort bin ich jetzt und schreibe dieses Kapitel, und es kam zu keinem weiteren Treffen. Falls du neugierig bist, glaube ich, dass das Mädchen, mit dem ich ein Match hatte, ein wenig verärgert über die Freundin war, mit der ich geschlafen hatte, aber ich denke auch, dass sie das getan hat, weil sie nicht wirklich gute Freundinnen waren. So ist das Leben.

Wie du hoffentlich bemerkt hast, ist es manchmal am einfachsten, ein Gespräch zu führen, wenn man natürlich ist und die Dinge einfach fließen lässt, während man immer Selbstvertrauen zeigt und versucht, allen eine gute Zeit zu bereiten. Wenn du das schaffst, was du mit Übung erreichen wirst, wirst du erreichen, dass Frauen sich auf natürliche und effektive Weise für dich interessieren.

Im nächsten Kapitel werde ich eine Pause in der Entwicklung dieses Buches einlegen und meine Sichtweise zur "Friendzone" darlegen, da ich denke, dass dies ein Thema ist, das du verstehen solltest, wenn du ein Verführer werden möchtest. Ich werde meine Ansicht darüber erklären, warum vielen Männern das passiert, und wie du es vermeiden kannst, indem du ein Verführer bist.

FRIENDZONE? NEIN, DANKE

Die Gründe, warum viele Männer in die Friendzone geraten, sind mangelndes Selbstvertrauen, Angst vor Ablehnung, Verlust oder Untätigkeit. Wir als Verführer wollen nicht in diese Zone geraten, denn es ist eine Zone des Unbehagens und nicht für uns gemacht. Ein Verführer beklagt sich nicht, wenn er einer Frau nicht gefällt, sondern handelt und sucht eine andere. Es gibt viele unglaubliche und einzigartige Frauen auf der Welt, lerne sie kennen. Hänge nicht an einem Strohhalm! Oder du wirst dich verbrennen.

Um diese Situation zu überwinden oder zu vermeiden, reicht es aus, aktiv zu werden und von Anfang an deine Absichten zu zeigen. Es bringt dir nichts, eine Telefonnummer zu bekommen, wenn du dann nicht handelst, es sei denn, du suchst nach Freundschaft. Ich nehme an, wenn du dieses Buch liest, ist das nicht dein Ziel, also versprich dir selbst, wenn du wirklich ein Verführer werden möchtest, dass du immer, wenn du mit einer Frau sprichst oder sie kennenlernst, deine Absichten zeigen wirst, wenn der Zeitpunkt gekommen ist. Das ist die einzige Möglichkeit, die ich kenne, um nicht in die Friendzone zu geraten. Dein Ziel ist es, sie zu verführen, nicht ihr Freund zu sein. Zeige es ihr!

Du musst verstehen, dass es nichts Falsches daran ist, deine Absichten zu zeigen, im Gegenteil, es ist etwas Positives und etwas, das Frauen schätzen. Natürlich sage ich dir nicht, dass du es ihnen von Anfang an zeigen sollst, denn sie würden erschreckt davonlaufen. Du musst es ihnen jedoch zeigen, wenn sich die Gelegenheit ergibt, und bereit sein dafür, die Signale zu interpretieren und dich auf dein Ziel zu stürzen. Das Schlimmste, was passieren kann, ist, dass du abgelehnt wirst, in diesem Fall entschuldigst du dich höflich und gehst weiter deinen Weg.

Als ich ungefähr 17 Jahre alt war, gab es ein Mädchen, das mir im Gymnasium sehr gefiel, sie war ein Jahr unter mir. Ich beobachtete sie immer und dachte, dass ich eines Tages mit ihr sprechen müsste.

Dieser Tag kam schließlich, ich nahm all meinen Mut zusammen und sprach sie an, als sie durch die Schultür ging, ich glaube, sie hatte etwas fallen gelassen... also nutzte ich die Gelegenheit, mit ihr zu sprechen. Anscheinend mochte sie mich ziemlich, also fingen wir an, uns ziemlich oft zu treffen. Wir gingen spazieren, manchmal lud sie mich sogar zu sich nach Hause ein, um Wii zu spielen. Die Sache ist die, dass wir ziemlich viel Freizeit miteinander verbrachten, wir schwänzten sogar manchmal den Unterricht.

Mir gefiel dieses Mädchen sehr, aber ich hatte nie den Mut, es ihr zu sagen, also behandelte sie mich wie einen Freund. Sie erzählte mir sogar von den Jungs, die sie mochte, und ich war oft vor Neid grün. Ich denke, am Anfang mochte sie mich, aber aufgrund meiner fehlenden Initiative und mangelnden Selbstvertrauens verlor sie das Interesse an mir und betrachtete mich wahrscheinlich als einen blutleeren Typen, der nicht in der Lage ist, klar zu sagen, was er im Leben will, und außerdem Angst hat, gegenüber einer Frau klar zu sein. Also landete ich, wie es ziemlich normal ist, in der berüchtigten "Friendzone", hauptsächlich wegen meiner mangelnden Klarheit und Unsicherheiten.

Ich wurde zu ihrem Schoßhündchen, sie wusste, dass ich sie mochte, also nutzte sie das aus und bat mich immer um tausend Gefallen, mich überallhin zu begleiten und ihr sogar mitten in der Nacht Marihuana zu bringen. In der Hoffnung, sie zu erobern, tat ich alles, was sie wollte, ich hätte sogar den Boden geleckt, wenn sie mich darum gebeten hätte. Zum Glück tat sie das nicht! Wie du sehen wirst, erreichte ich durch mein Verhalten genau das Gegenteil meiner Ziele. Anstatt mich als attraktiven Mann zu sehen, betrachtete sie mich als einfachen Beta-Mann, ohne Aussicht auf Sex und ohne Penis.

Ich traf mich ein ganzes Jahr lang mit ihr, und ich traf mich nicht mit anderen Frauen, also hörte ich ihre sexuellen Erfahrungen. Während ich ein Jahr damit verbracht habe, mich selbst zu befriedigen, ohne diese Beziehung zu beenden, die für mich sehr ungesund war. Nach einer Weile und als ich merkte, dass ich mit dieser Frau nie etwas erreichen würde, entfernte ich mich von ihr, denn das Ausmaß der Ausnutzung, das sie erreicht hatte, war zu viel und überschritt meine Grenzen. Nach dieser Geschichte versprach ich mir, nie wieder in die Friendzone zu geraten. Leider passierte es mir ein paar Jahre später wieder, ich machte denselben Fehler, aber dieses Mal... war es das letzte Mal!

Jahre später, nachdem ich viel über Verführung gelernt hatte, beschloss ich, wieder mit ihr zu sprechen, mit dem Ziel, sie diesmal zu verführen. Natürlich war es nicht einfach, denn sie hatte ein Bild von mir, das sehr schwer zu ändern sein würde. Aber durch die Prinzipien der Verführung, von denen ich dir in den vorherigen Kapiteln erzählt habe, erreichte ich schließlich mein Ziel, aber erst nach vier Jahren.

Alles in allem ist die Friendzone ein mentaler Zustand, in den der Mann durch Untätigkeit, Ängste und mangelnde Klarheit gerät. Überwinde dies mit einer positiven, verführerischen Einstellung, und ich garantiere dir, dass du nie wieder in dieser unangenehmen Zone für einen Verführer landen wirst, wenn du deine Absichten zeigst. Liebe dich selbst und sage Nein zur Friendzone. Zeige deine Absichten, wenn die Zeit gekommen ist! Dein Hauptziel ist in der Regel nicht, ihr Freund zu sein, also bemühe dich, das zu zeigen, mein Freund.

NUMMER, KUSS ODER KAFFEE?

Kapitel 10

Es ist sehr wichtig, das Gespräch zu genießen; tatsächlich ist es der unterhaltsamste und wichtigste Teil des Verführungsspiels. Es ist der Teil des Spiels, in dem du mit deinen Worten eine Frau davon überzeugst, dass es sich lohnt, dich kennenzulernen, und im Gegenzug gibt sie dir ihre Zeit, um bei dir zu sein und dir zuzuhören. Auf diese Weise bietet sie dir eine Gelegenheit, dein Ziel zu erreichen, wenn du es richtig machst. Indem du originell, lustig und du selbst bist, bin ich sicher, dass du es schaffen wirst. Kurz gesagt, das Gespräch ist die Kunst, ein Nein oder ein Vielleicht in ein klares Ja zu verwandeln.

Das Problem, das ich bei vielen Männern sehe, die sich im Bereich der Verführung noch in den Anfängen befinden, ist, dass sie im Gespräch nicht vorankommen. Sie vergessen, was ihr Ziel ist, weil sie sich in den meisten Fällen nicht wohl oder sicher fühlen. Versuche dich nur darauf zu konzentrieren, einen guten Eindruck zu hinterlassen, Neugierde zu wecken und sie dazu zu bringen, dich weiter kennenlernen zu wollen. Im Moment des Gesprächs, in dem du merkst, dass die Frau großes Interesse an dir hat und dass sie den Moment genießt, den ihr kreiert, ist es an der Zeit, das Gespräch zu unterbrechen und dein Ziel zu verfolgen. Diese können vielfältig sein, wie wir bereits zuvor gesehen haben. Denke daran, dass du nichts zu verlieren und viel zu gewinnen hast.

Es ist sehr wichtig, dass du immer im Kopf behältst, was dein Ziel ist, der Grund, warum du das Gespräch begonnen hast. Wenn du es nicht klar vor Augen hast, wird das Gespräch weitergehen, und wenn du es merkst, wird es enden, ohne dass du etwas erreicht hast. Also wage es, dein Ziel zu verfolgen, wenn du glaubst, dass es an der Zeit ist. Ich erinnere dich daran, dass es keinen perfekten Moment gibt. Wenn du darauf wartest, dass er kommt, wird dieser Moment nie eintreten. Der beste Moment ist jetzt!

Vor ein paar Tagen habe ich Vietnam verlassen, um nach Laos zu gehen. Bevor ich Hanoi verlassen habe, habe ich eine Gruppe sehr sympathischer argentinischer Jungs kennengelernt, mit denen ich auf Sightseeing-Tour gegangen bin und in ein paar Bars gegangen bin. Beide hatten sehr viel Lust, eine Nacht mit einer vietnamesischen Frau zu verbringen. Sie wollten auch wissen, wie es ist, es mit einer Asiatin zu treiben. Ich verstand sie perfekt, denn ich hatte die gleiche Neugier, als ich in Thailand ankam.

Wie üblich, nachdem wir tagsüber ein wenig Sightseeing gemacht hatten, gingen wir ein paar Bier trinken. Da ich wusste, wie sehr sie daran interessiert waren, lokale Frauen kennenzulernen, ermutigte ich sie, sich in diesem Moment vorzustellen. (Ich mag es, als Coach zu fungieren, also wenn du mich brauchst, kannst du mich engagieren). Fortsetzung. In der Bar, in der wir uns befanden, gab es eine Gruppe vietnamesischer Mädchen, die ziemlich attraktiv waren. Als ich vorschlug, zu ihnen rüberzugehen und sie kennenzulernen, kamen sie mit einer Menge Ausreden. Sie hatten noch nicht genug getrunken, um sich zu trauen, oder es war zu aufdringlich, oder sie hatten uns noch nicht einmal angesehen, und tausend weitere Verlierer-Ausreden. Sie würden sich nie trauen oder es würde zu lange dauern. Da ich Lust hatte, mich zu verabreden, sagte ich ihnen, dass ich ihnen die Mädchen besorgen würde, dass sie auf mich warten sollten und ich bald zurück sein würde.

Wie bereits erwähnt, ging ich einfach zu der Gruppe, stellte mich freundlich vor und wies auf meine neuen Freunde hin, indem ich sagte, dass wir gerne unsere Gruppen zusammenbringen würden, um uns kennenzulernen und eine gute Zeit zu haben. (Die Wahrheit ist, dass dieser einfache Einstieg fast nie fehlschlägt). Da es dieses Mal keine

Ausnahme war, stimmten sie zu und wir setzten uns alle an einen größeren Tisch. Wir begannen zu reden, aber ich bemerkte, dass meine neuen Freunde mehr miteinander sprachen als mit den Mädchen, wahrscheinlich aus Unsicherheit und weil sie nicht wussten, was sie sagen sollten, da es nicht an Interesse mangelte. Sobald ich die Gelegenheit hatte, sagte ich ihnen, dass sie ihre Mentalität ändern sollten, da die Mädchen sich langweilen und wahrscheinlich gehen würden, wenn sie das nicht tun.

Nicht um anzugeben, aber... zum Glück war ich da, um den Ton anzugeben. Nachdem sie sich angesprochen fühlten, gaben sie sich mehr Mühe, und die Dinge liefen etwas besser. Nach etwa einer Stunde schlug ich vor, alle zusammen tanzen zu gehen, um so diejenige zu verführen, die mir gefiel, und auch den Jungs die gleiche Chance zu geben. Wir waren bereits in einer anderen Bar am Tanzen, und jeder von uns tanzte mit dem, den er mochte. Es schien, als ob keiner von uns die Nacht alleine verbringen würde, wenn alles gut lief. Ich machte meinen Zug und endete damit, das Mädchen zu küssen, das mir gefiel, und nach einer Weile fragte ich sie, ob sie mit mir ins Hotel kommen wollte, was sie ziemlich glücklich akzeptierte. (Es war wahrscheinlich das erste Mal, dass sie die Nacht mit einem Europäer verbrachte). Also ließ ich meine neuen Freunde mit den anderen Mädchen zurück. Bevor ich ging, sah ich, wie einer von ihnen sich mit einem Mädchen küsste.

Am nächsten Tag trafen wir uns wieder, also fragte ich sie, ob sie die Nacht mit ihnen verbracht hatten. Sie sagten nein, also war ich ziemlich überrascht und begann zu recherchieren, was passiert war. Sie erzählten mir, dass sie getanzt und sogar mit ihnen geküsst hatten, aber sie hatten nichts weiter gemacht. Bei der weiteren Untersuchung gaben sie zu, dass sie sich tatsächlich nicht getraut hatten, etwas anderes vorzuschlagen, weil sie befürchteten, dass die Mädchen beleidigt sein könnten, und sie fühlten sich nicht sicher genug, um vorzuschlagen, die Nacht gemeinsam zu verbringen. Ich riet ihnen, beim nächsten Mal klarer zu sein, denn in dieser Situation hätten sie wahrscheinlich die Nacht mit ihnen verbracht, wenn sie die magischen Worte gesagt hätten. Ich versichere dir, dass die Mädchen begeistert von uns waren, aber meinen Freunden fehlten Klarheit und Vertrauen. Hoffentlich haben sie die Lektion gelernt.

Bevor ich das Kapitel beende, möchte ich die Bedeutung betonen, nie zu vergessen, warum du das Gespräch begonnen hast und was du erhofft hast zu erreichen, um es dann zufriedenstellend zu übermitteln, wenn der richtige Moment gekommen ist. Der Moment kommt, wenn die Frau ein größeres Interesse an deiner Person zeigt, und das äußert sich durch einfache Signale. Sie wird dir in die Augen sehen, lächeln, dir zuhören, am Gespräch teilnehmen und mit dir weiterreden. Also, wenn der Moment gekommen ist, handle. Frag nach ihrer Nummer, schlage vor, etwas zusammen zu trinken, oder bitte um einen Kuss. Du weißt nicht, was du gewinnen kannst, bis du handelst. Sei nicht wie meine argentinischen Freunde und verpasse keine großartige Gelegenheit wegen mangelnder Klarheit. Sei nicht wie meine argentinischen Freunde und verpasse keine großartige Gelegenheit wegen mangelnder Klarheit.

KANN MAN KÜSSE EINFORDERN?

KAPITEL 11

Es gibt ein allgemeines Gerücht, einen Volksmund, der besagt, dass ein Mann einer Frau keinen Kuss abverlangen sollte, da dies schlecht angesehen wird und darauf hinweist, dass der Mann keinen Wert hat. Persönlich bin ich sehr anderer Meinung, es gibt überhaupt kein Problem damit, einer Frau um einen Kuss zu bitten. Im Gegenteil, es ist ein Zeichen von Respekt, von Höflichkeit und zeigt auch Mut, da du durch eine Aussage deine Wünsche in diesem Moment ausdrückst. Tatsächlich musst du nicht einmal danach fragen, du kannst deinen Wunsch durch eine Aussage ausdrücken. "Ich kann es kaum erwarten, dich zu küssen. Wenn ich deinen Mund sehe, denke ich nur daran, dich zu küssen. Entschuldigung, aber ich kann mich nicht auf das Gespräch konzentrieren, ich muss dich küssen." Das sind nur ein paar Beispiele dafür, wie du einen Kuss affirmativ anfordern kannst, indem du deine Gefühle in diesem Moment ausdrückst.

Hast du jemals das Gefühl gehabt, dass es etwas abrupt ist, sich ohne Vorwarnung auf den Versuch zu begeben, ein Mädchen zu küssen? In meiner Erfahrung ist mir dieses Gefühl manchmal passiert, manchmal aber auch nicht. Es gibt keinen besseren Weg als den anderen, es gibt Momente, in denen es besser ist, sich einfach zu trauen, und es wird sich natürlich ergeben, genauso wie es andere Momente gibt, in denen es besser ist, den Kuss affirmativ zu fordern und deine Gefühle auszudrücken. Es hängt alles vom Kontext ab, in dem du dich befindest.

Das Ziel dieses Kapitels ist es, dir die Augen zu öffnen, damit du weißt, dass es neben dem Versuch, einen Kuss zu bekommen, auch andere Möglichkeiten gibt. Ich bin mir sicher, dass es in deiner Zeit als Verführer Momente geben wird, in denen es besser ist, deinen Wunsch, das Mädchen zu küssen, auszudrücken, da du sonst in ein abruptes Szenario geraten könntest, in dem das Mädchen deinen Kopf wegdreht. Eine Situation, die vermieden werden könnte, indem du einfach deinen Wunsch, sie zu küssen, ausdrückst. Mit diesem Wissen überlasse ich es dir, wann du die eine oder die andere Methode verwenden möchtest, um einen Kuss zu bekommen. Achte einfach auf den Kontext.

Vor etwa einem Monat war ich in Thailand unterwegs, wie ich es gelegentlich tue. Also war ich dieses Mal in einem kleinen, sehr touristischen

Dorf im Norden namens Pai. Ich war per Anhalter mit einer tschechischen Frau aus Chiang Mai angekommen, einer anderen Stadt im Norden, aber nicht so weit. Sie war wirklich nett, aber ich mochte sie überhaupt nicht, und sie mochte mich auch, also versuchte sie es ziemlich oft bei mir, aber ich war nicht interessiert. Also ... auch wenn es böse klingt, wollte ich sie loswerden. Also ... fing ich an, nach rechts zu wischen, und plötzlich: "Herzlichen Glückwunsch, Sie haben einen neuen Match".

Großartig! Endlich kann ich mich mit jemand anderem treffen! Ich schreibe meinem neuen Match und schlage vor, zum Abendessen zu gehen, also lud sie mich in ihr Hostel ein. Zu meiner Überraschung war sie die Besitzerin und es war noch nicht für die Öffentlichkeit geöffnet. Sie war Thai und 43 Jahre alt, aber sie sah definitiv nicht so aus, sie wirkte höchstens 30.

Als ich im Hostel ankam, wartete sie mit einem Lächeln auf mich. Sie fragte mich, ob ich keine Angst hätte, alleine herzukommen. Ich fürchtete das Schlimmste und bekam etwas Angst, ich werde nicht lügen, aber ich antwortete, dass ich keine Angst hätte und wüsste, wie ich mich verteidigen könnte. Sie lachte und lud mich ein, hereinzukommen. Ich ging rein, und niemand wartete hinter der Tür mit einer Waffe auf mich (zum Glück). Ich entspannte mich und wir setzten uns beide an den Eingang des Hostels, an einen Ort mit Tischen. Sie brachte sofort Essen, einen

Khao Soi, typisch für den Norden Thailands, eine würzige Suppe mit vielen Gemüsen, etwas Huhn, Ingwer, gebratenen Nudeln, Kokosmilch und wahrscheinlich ein paar anderen Zutaten, die mir entfallen.

Wir begannen zu reden und uns kennenzulernen. Es war etwas einschüchternd für mich, dass sie älter war, außerdem bemerkte ich auch keine Anzeichen dafür, dass sie sich zu mir hingezogen fühlte; im Gegenteil, es schien, als ob sie eher nach Freundschaft oder jemandem zum Reden suchte, weil sie allein in diesem großen Ort war. Trotzdem hatte ich eine gute Zeit, das Essen war köstlich, und am Ende hatte ich mehr Spaß mit ihr als mit der Tschechin. Ich entschied mich, noch eine Weile zu bleiben. Es wurde ziemlich spät, es war Zeit zu gehen oder bei ihr zu bleiben. Ich hatte keine nonverbalen Signale bemerkt, die darauf hindeuteten, dass sie an mir interessiert war, also zögerte ich und wusste nicht genau, was ich in diesem Moment tun sollte. Da ich es nicht mag, im Ungewissen zu bleiben, sagte ich ihr schließlich, dass ich gerne die Nacht mit ihr verbringen würde. Sie fragte mich nach dem Grund, warum ich bei ihr schlafen wollte, und ich sagte einfach, dass ich sie mochte, dass ich es noch mehr mochte, dass sie eine unternehmungslustige Frau war, und dass ich es kaum erwarten konnte, sie näher kennenzulernen. (Sie war älter, aber immer noch sehr attraktiv, und dazu kam, dass sie ein Hostel besaß, was sie in meinen Augen unwiderstehlich machte).

Sie mochte meine Antwort, also verbrachte ich schließlich die Nacht mit ihr und nicht nur das, ich blieb eine Woche bei ihr und half ihr, das Hostel für die Eröffnung vorzubereiten, da noch einige letzte Handgriffe fehlten. Außerdem brachte sie mir bei, Motorrad zu fahren, und ich fuhr sie herum, wir besuchten die Umgebung des Dorfes und hatten insgesamt eine einzigartige lokale Erfahrung. (Dank ihr kann ich jetzt überall fahren, da sie hier nie meinen Führerschein sehen).

Stellen Sie sich vor, was passiert wäre, wenn ich mich von den nonverbalen Kommunikationssignalen hätte leiten lassen. Wahrscheinlich nichts, ich wäre mit der Tschechin gegangen, die mir nicht gefiel, und es wäre nichts weiter passiert. Im Gegenteil, bevor ich aufgab, beschloss ich, es zu riskieren und höflich zu fragen, ob sie die Nacht mit mir verbringen möchte. Diese Art von Situationen kommt ziemlich oft vor, also wenn Sie unsicher sind, fragen Sie immer, auch wenn Sie vielleicht abgelehnt werden, zumindest werden Sie nicht mit dem Gefühl zurückbleiben, was passiert wäre, wenn... Dies gilt für: Sex haben, nach einem Kuss, einer Nummer oder einem Kaffee fragen.

IMMER WERDEN SIE AUF DIE PROBE GESTELLT

In diesem Kapitel möchte ich Ihnen einige Anekdoten erzählen, die mir passiert sind, bei denen ich aufgegeben hätte, nachdem ich das erste Nein gehört habe, aber ich habe mich stattdessen zusammengenommen und weitergemacht, auch wenn es nicht sehr vielversprechend aussah. Am Ende stellte sich das Nein als ein Ja heraus. Das liegt daran, dass die Frau dich fast immer auf die Probe stellen wird, es sei denn, du bist Lionel Messi, was nicht dein Fall ist.

Neben der Reflexion über sie möchte ich, dass Sie versuchen, die Prinzipien zu erkennen, über die ich in diesem Buch gesprochen habe. Lassen Sie mich Ihnen die Geschichte erzählen.

Dieses Mal war ich mit einem meiner besten

Freunde unterwegs. Es war Sommer, ich war in der typischen Diskothek-Bar im Zentrum von Valencia, die voller Touristen war. Ich tanzte mit meinem Freund, als ich plötzlich ein Mädchen sah, das meine Aufmerksamkeit auf sich zog. Sie hatte dunkle Haut, große Kurven, war aber schlank, hübsch im Gesicht und trug afrikanische Zöpfe im Haar. Wie üblich zog sie viel Aufmerksamkeit von Männern auf sich, denn sie war die Einzige mit diesen physischen Merkmalen am Ort.

Als ich beschloss, mit ihr zu sprechen, tanzte sie bereits mit ihren Freundinnen, also fasste ich Mut, ging zu ihr, grüßte sie und fragte nach ihrem Namen. Wir sprachen nur kurz, gerade genug, um uns ein wenig kennenzulernen, herauszufinden, woher sie kam und was sie in Valencia machte. Da sie schon vor meinem Gespräch tanzte, schlug ich sofort nach Beginn des Gesprächs vor, ein wenig zu tanzen. Wir tanzten eng umschlungen, als ich dachte, es sei der perfekte Moment, sie zu küssen, also tat ich das. Aber zu meiner Überraschung wies sie mich ab, obwohl sie weiter mit mir tanzte. Ich muss zugeben, dass ich in diesem Moment etwas niedergeschlagen war und darüber nachdachte, sie einfach zu verlassen, aber ich gab nicht auf. Ich handelte, sagte ihr, dass ich mit meinem Freund in eine andere Bar gehen würde, und bat um ihre Telefonnummer, um uns ein anderes Mal zu treffen, und sagte ihr auch, dass ich gerne ihr Stadtführer sein würde und sie in einem ruhigeren

Ort kennenlernen möchte. Sie stimmte zu und gab mir ihre Nummer.

Ein Tag verging seit dieser Nacht, und ich beschloss, ihr eine Nachricht über WhatsApp zu schreiben. Ich schlug vor, etwas trinken zu gehen und durch die Stadt zu spazieren, worauf sie zustimmte. Wir tranken etwas, lernten uns kennen und sprachen über das Leben. Und als es Nacht wurde, schlug ich vor, zu mir nach Hause zu gehen, um zu Abend zu essen und Wein zu trinken. Als wir mit dem Abendessen fertig waren und Wein tranken, sagte ich ihr, dass ich es kaum erwarten konnte, sie zu küssen. Sie lachte und sagte, ich solle es tun, also tat ich es.

Wir hatten eine großartige Nacht zusammen. Als wir am nächsten Morgen frühstückten, fragte ich sie, warum sie mir keinen Kuss in der Diskothek gegeben hatte. Sie lachte erneut und sagte mir, dass ihre Freundinnen ihr gesagt hatten, sie solle es mir nicht zu leicht machen. Am Ende traf ich mich mehr als eine Woche mit ihr, bis sie in ihr Heimatland Kanada zurückkehrte. Könnt ihr euch vorstellen, was passiert wäre, wenn ich beim ersten Nein aufgegeben hätte?

Aus dieser Geschichte habe ich eine großartige Lektion gelernt: Frauen werden dich immer auf die Probe stellen, sie wollen nicht als einfache Mädchen angesehen werden, vor allem nicht vor ihren Freundinnen. Sie wollen, dass du dich bemühst, sie zu verführen, sie wollen dich auf die Probe stellen und sehen, woraus du gemacht bist. Aus diesem Grund werden sie dich oft hinhalten, auch wenn sie dich kennenlernen wollen. Also gib eine Situation nicht beim ersten Nein auf, denn du weißt nie, was passieren könnte, wenn du es ein wenig weiter versuchst. Ich werde euch eine weitere Anekdote erzählen, die mir passiert ist, damit ihr versteht, was ich euch übermitteln möchte.

Dieses Mal war ich auch in meiner Stadt. Ich saß mit meinem besten Freund auf einer Bank und trank abends ein paar Bier. Wir sprachen über das Leben, als plötzlich zwei französische Mädchen direkt vor uns Platz nahmen, die viel Aufmerksamkeit erregten.

Ich muss gestehen, dass ich von ihrer Anwesenheit ziemlich eingeschüchtert war. Trotzdem vergaß ich alle meine Ängste und handelte einfach. Ich fragte sie, ob es ihnen etwas ausmachen würde, wenn ich mich zu ihnen setze, und sie stimmten zu, und wir begannen zu reden. Nach kurzer Zeit lud ich meinen Freund ein, sich dem Gespräch anzuschließen. Bevor wir es überhaupt bemerkten, tranken wir alle zusammen ein Bier. Das Gespräch ging schnell voran, und wir boten an, ihnen eine Tour durch die Stadt zu geben, damit sie sie besser kennenlernen konnten. Der Spaziergang war fantastisch, und wir alle genossen den Moment und lachten viel. Es war spät, also begleiteten wir sie nach Hause. Als wir ankamen, wollten wir mit ihnen hinaufgehen, aber sie lehnten ab. Also änderte ich die Strategie und bat sie um ihre Nummer, um uns ein anderes Mal zu treffen.

Da sie nur kurz in Valencia sein würden, schrieb ich ihnen am nächsten Morgen und schlug vor, zusammen einen Tag am Strand zu verbringen. Sie stimmten zu und wir verbrachten einen tollen Tag am Strand. Als es später wurde, schlug ich vor, dass sie am Abend zu mir nach Hause kommen sollten, um ein paar Mojitos zu trinken, da es ihr letzter Tag in der Stadt war. Wir verbrachten die ganze Nacht bis spät in die Nacht mit Trinken. Als es Zeit war zu gehen, mussten sie früh am Morgen einen Flug nehmen, also beschloss ich, im letzten Moment zu handeln. Wir verabschiedeten uns an meiner Haustür, ich hielt das Mädchen, das mir gefiel, an und sagte ihr, dass ich sie nicht gehen lassen könne, ohne sie zu küssen. Sie lachte, entschuldigte sich und ging.

Ich muss zugeben, dass ich in diesem Moment überhaupt nicht verstand, was los war. Am nächsten Morgen, bevor sie ging, schrieb sie mir eine Nachricht auf WhatsApp, in der stand, dass es ihr leid tue, mir keinen Kuss gegeben zu haben, dass sie sich vor ihrer Freundin nicht wohl gefühlt habe und dachte, dass es nicht der richtige Zeitpunkt gewesen sei, und sie sagte mir, dass ich sie in Paris küssen müsse, wenn ich das wollte.

Als ich die Nachricht las, dachte ich zunächst, dass

sie es nicht ernst meinte. Trotzdem sprachen wir eine weitere Woche lang über WhatsApp, und eines Tages sagte ich ihr, dass ich einen Flug nach Paris für 18 € gefunden hatte. Also zögerte ich nicht, ihr das zu sagen, fragte sie, ob sie wollte, dass ich sie besuche, und sie sagte ja. Ich zögerte nicht, handelte und ein paar Tage später war ich in Paris.

Ich mietete mir eine Wohnung für fünf Tage. Als ich sie am ersten Tag sah, fragte sie mich, warum ich sie besucht hatte. Ich wusste es selbst nicht genau, also sagte ich ihr, dass ich mehr von ihr kennenlernen und dass ich mich sehr zu ihr hingezogen fühle. Wir verbrachten die fünf Tage zusammen, ich hatte keine Wohnung mehr und auch keinen Rückflug, also lud sie mich zu sich nach Hause ein, und ich sagte natürlich ja. Ich verbrachte fünfzehn wundervolle Tage in Paris, lernte die Stadt und eine wundervolle Person kennen. Sie arbeitete zwar morgens, aber ich machte tagsüber Sightseeing, und wir trafen uns wieder, wenn sie Feierabend hatte. Das Lustige daran ist, dass ich zuvor noch nie in Paris war. Ich lernte Paris dank ihr und der Verführung kennen.

Ich wollte dir nur durch meine persönliche Erfahrung vermitteln, dass mir diese Anekdoten nicht passiert wären, wenn ich mich beim ersten Nein aufgegeben hätte. Sie geschahen, weil ich nicht aufgab, weil ich an mich glaubte, das erste Nein nicht akzeptierte und mich bemühte zu zeigen, dass es sich lohnt, mich kennenzulernen. Vergiss das nicht, halte das immer im Hinterkopf. Ein erstes Nein kann ein zweites Ja sein.

Ich hoffe, ihr habt den Kern dieser Anekdoten erfassen können und die Verführungsprinzipien, die ich in diesem Buch zusammengefasst habe, erkannt, die ich verwendet habe, um meine Ziele zu erreichen.

VERFÜHRUNG ODER BELÄSTIGUNG?

Kapitel 13

Es gibt eine feine Linie zwischen Verführung und Belästigung oder Stalking. Es gibt Momente, in denen du hartnäckig sein musst, um dein Ziel zu erreichen, genauso wie es Momente gibt, in denen du höflich zurücktreten und erkennen musst, wann du störst. Dies ist der schmale Grat zwischen dem, wenn eine Frau dich auf die Probe stellt, und dem, wenn sie einfach nichts mit dir zu tun haben will. Du fragst dich vielleicht: "Wie verstehe ich das?" Es ist ganz einfach, Signale und Übung. Ich werde versuchen, es dir besser zu erklären.

Es gibt Situationen, in denen eine scheinbar negative Situation zu einem erfolgreichen Ergebnis führen kann, und das verstehst du anhand der Signale. Das kann auch passieren, wenn du zu schnell oder zur falschen Zeit auf dein Ziel zugehst, sodass die Reaktion der Frau auf deinen Vorschlag negativ ausfällt, was nicht bedeutet, dass sie nicht an dir interessiert ist und neugierig ist, dich besser kennenzulernen. Manchmal liegt das Problem darin, dass wir zu schnell handeln und sie dir noch nicht vertraut oder es dir nicht zu einfach machen will, sodass sie deinen Vorschlag ablehnt. Stell dir vor, du hast dich vorgewagt oder um einen Kuss gebeten und sie hat es einfach abgelehnt, aber sie spricht immer noch mit dir und zeigt Interesse an deiner Person; es war vielleicht einfach nicht der richtige Zeitpunkt, und sie muss dich besser kennenlernen. Wenn dir das passiert, versuche es anders, frage nach ihrer Telefonnummer, um euch ein anderes Mal zu treffen und euch besser kennenzulernen, oder schlage in diesem Moment einen alternativen Plan vor, wie zum Beispiel etwas trinken zu gehen oder spazieren zu gehen, immer mit dem Ziel, euch genauer kennenzulernen. Wenn sie alle deine Vorschläge ablehnt, ist es offensichtlich, dass du aufhören solltest, sie zu belästigen, und dich höflich verabschieden solltest.

Signale sind etwas sehr Wichtiges, das du als Verführer verstehen musst. Sie sind einfach zu lernen, du musst nur das Verhalten und die Reaktionen beobachten. Wie bei allem anderen erfordert es jedoch Übung, um die Signale richtig zu interpretieren. Es gibt positive Signale, die dich ermutigen und motivieren sollten, das Gespräch fortzusetzen, um dein Ziel zu erreichen, sowie negative Signale, die du ebenfalls erkennen und respektieren und höflich das Gespräch beenden solltest, wenn nötig. Als Verführer genießen wir das Spiel der Verführung, aber wir müssen verstehen, dass es ein Spiel zwischen zwei Personen ist, die gleichermaßen genießen müssen. Wenn eine der beiden Personen es nicht genießt, ist das Spiel vorbei. GAME OVER.

Es ist sehr wichtig, dass ihr diese Reflexion versteht, denn ein Verführer ist kein Belästiger. Ein Verführer wird auch das Vergnügen der anderen Person suchen. Ein Verführer wird niemals belästigen oder unangenehm sein, das wird niemals das Ziel eines Verführers sein.

Ich erzähle dir noch eine kurze Geschichte, die mir kürzlich in Laos passiert ist. Ich war in der Stadt Luang Prabang, einer sehr schönen Stadt mit französischem Flair am Ufer des Mekong-Flusses. Hier reiste ich mit einem anderen Argentinier, den ich im Bus kennengelernt hatte, auf dem Weg in diese Stadt. Wir übernachteten in einem Hostel, in dem es viele Ausländer gab.

Wie es mir oft passiert, gab es auch dort ein sehr hübsches Mädchen, das mich interessierte und meine Aufmerksamkeit erregte, um es nicht zu leugnen. Ich beschloss, mit ihr zu sprechen, wie ich es immer tue, wenn ich eine Frau sehe, die mich interessiert. Ich ging mit einer ziemlich einfachen Einleitung auf sie zu, stellte mich vor und ließ sie wissen, dass ich sie gerne kennenlernen würde.

Anfangs waren die Signale ziemlich positiv, sie sah mich an, lächelte, war neugierig auf mich und das Gespräch lief ziemlich gut. Wie du bereits wissen wirst, ist Verführung keine exakte Wissenschaft wie Mathematik, daher scheitern manchmal selbst die besten Pläne und es gibt nichts, was du dagegen tun kannst. Als ich ihr jedoch vorschlug, alleine etwas trinken zu gehen, sagte sie nein, dass sie nicht interessiert sei, da sie mit einigen Freundinnen unterwegs war.

Ich spielte weiter mein Spiel und gab nicht auf, im Gegenteil, ich dachte, dass das Mädchen mich auf die Probe stellte, also drängte ich ein wenig mehr, fragte sie, ob sie mich attraktiv fand und was sie von mir hielt. (Ich denke, sie mochte mich, aber vielleicht war es einfach nicht der richtige Zeitpunkt oder ich hätte sie auf eine Weise verführen müssen, die mehr Zeit erforderte, und das hatte ich in diesem Moment nicht.) Die Schlussfolgerung war, dass sie trotz der positiven Signale und der gegenseitigen Interaktion im Gespräch in diesem Moment kein Interesse daran hatte, mit mir mitzugehen, nicht einmal auf einen Kaffee, also musste ich mich höflich verabschieden und ihr eine gute Reise wünschen. Ich hätte gerne weiter mit ihr gesprochen, aber es kam der Punkt, an dem ich bereits aufdringlich war, ich wollte sie nicht belästigen, also gab ich das Signal zum Rückzug, (wie in einem klassischen Cowboyfilm).

Da es sehr wichtig ist, ein ritterlicher Verführer zu sein, werde ich versuchen, dir besser zu erklären, wie positive und negative Signale normalerweise aussehen. Dies ist keine exakte Wissenschaft, aber du kannst dir eine Vorstellung machen.

Positive Signale. Als positive Signale gelten alle Signale, die Interesse oder Neugierde subkommunizieren. Einige Beispiele für positive Signale sind, dass sie dich mit offenem Blick anschaut, Blickkontakt herstellt, aktiv am Gespräch teilnimmt, dir Fragen stellt, Interesse und Neugierde an deiner Person zeigt oder sich nicht unwohl fühlt, wenn du dich ihr näherst.

Negative Signale. Als negative Signale gelten alle Signale, die Ablehnung und Desinteresse an deiner Person subkommunizieren. Hier sind einige Beispiele für negative Signale: Kein Blickkontakt, senkt den Blick, wirkt distanziert und gelangweilt, beteiligt sich nicht aktiv am Gespräch und stellt keine Fragen, zeigt kein Interesse oder Neugierde an dir und fühlt sich unwohl oder weicht zurück, wenn du dich ihr näherst. Wenn du diese Art von Signalen interpretierst, ist es besser, höflich zurückzutreten.

Du musst die Signale erkennen und interpretieren, um dein Ziel weiterzuverfolgen, oder dich zurückzuziehen und es mit jemand anderem zu versuchen. Denk daran, du bist es, der den Unterschied macht.

DIE PASSIVE SEITE DES FLIRTENS

Kapitel 14

Ich bin ehrlich gesagt kein großer Fan von Dating-Apps wie Tinder, Badoo oder Bumble, unter anderem. Persönlich treffe ich lieber Frauen an ungewöhnlichen Orten wie auf der Straße, in Einkaufszentren, am Strand oder im Nachtleben, da ich persönlich glaube, dass es aufregender ist, natürlicher ist und einen positiveren ersten Eindruck hinterlässt, wenn man sie auf diese Weise kennenlernt.

Dennoch würde ich lügen, wenn ich sagen würde, dass ich sie nicht benutze. Ich persönlich nutze Tinder während meiner Reisen recht häufig, da es mir sehr erleichtert, neue und interessante Leute kennenzulernen (obwohl es manchmal nicht so gut läuft). Dank dieser App konnte ich viele Frauen auf meinen Reisen kennenlernen, ohne viel Aufwand betreiben zu müssen, und habe so auch die lokale Kultur und Orte besser kennengelernt, Dinge, die ich ohne sie nie entdeckt hätte. Aus all diesen Gründen empfehle ich die App besonders für Reisen. Sie kann jedoch auch in deiner Stadt verwendet werden, aber es ist besser, sie als Werkzeug zu nutzen und sich mehr darauf zu konzentrieren, im echten Leben Interaktionen zu haben. Ich versichere dir, dass du auf diese Weise immer bessere Verbindungen herstellen kannst.

Das einzige Problem, das ich bei dieser Art von Apps sehe, ist, dass sich viele Menschen zu sehr darauf konzentrieren. Damit meine ich, dass sie die großen Möglichkeiten vergessen, Menschen im wirklichen Leben kennenzulernen, und sich ausschließlich auf die App konzentrieren, ohne weiter zu denken. Das kann frustrierend sein, wenn sie keine guten Ergebnisse erzielen, und wird zu einem Problem.

Für uns Verführer ist dies jedoch eine großartige Gelegenheit, denn die heutigen Menschen sind es gewohnt, über soziale Netzwerke oder mobile Apps zu flirten. Es ist eine großartige Gelegenheit, weil heute nur sehr wenige Männer den Mut haben, einfach so ein Gespräch mit einer Frau auf der Straße oder in einer anderen Umgebung als den sozialen Netzwerken zu beginnen. Das ist ein Vorteil für uns, denn allein durch die Interaktion außerhalb des Komforts der sozialen Netzwerke zeigen wir indirekt, dass wir Wert und Selbstvertrauen haben. Ich gebe dir auch ein paar kleine Tipps, um dein Tinder-Profil oder das Profil auf anderen Dating-

Apps bestmöglich zu optimieren.

<u>Erfolgreiches Swipen: Tipps zur Optimierung Ihres Tinder-Profils.</u>

- **Hochwertige Fotos**: Stellen Sie sicher, dass Ihre Fotos klar und gut beleuchtet sind. Ein gutes Profilfoto ist entscheidend, um andere Benutzer anzuziehen.

- **Vielfalt an Fotos**: Zeigen Sie verschiedene Aspekte Ihres Lebens, wie ein Nahaufnahme-Foto, ein Ganzkörper-Foto und Fotos, die Ihre Leidenschaften und Interessen widerspiegeln.

- **Hauptfoto ist wichtig**: Das erste Foto, das andere sehen werden, sollte attraktiv sein. Wählen Sie ein Foto, auf dem Sie gut aussehen und Ihre Persönlichkeit präsentieren.

- **Lächeln und Blickkontakt**: Fotos, auf denen Sie lächeln und Blickkontakt mit der Kamera halten, sind in der Regel attraktiver. Zeigen Sie Selbstvertrauen und Wärme.

- **Vielfalt an Interessen**: Betonen Sie in Ihrer Beschreibung eine Vielzahl von Interessen und Leidenschaften, die Sie definieren. Vermeiden Sie Klischees und allgemeine Phrasen.

- **Kurze Beschreibung**: Seien Sie prägnant in Ihrer Beschreibung. Lassen Sie Platz für

Neugierde, um Sie besser kennenzulernen.

- **Versuchen Sie Gruppenfotos**: Das Hinzufügen eines Gruppenfotos kann den Eindruck vermitteln, dass Sie sozial sind und sich gut mit anderen verstehen.

- **Machen Sie Ihr erstes Foto zählt**: Das erste Foto sollte einen positiven Eindruck hinterlassen. Die meisten Menschen werden basierend auf diesem Bild entscheiden, ob sie nach rechts oder links wischen.

- **Zeigen Sie Leidenschaft**: Fügen Sie Fotos hinzu, die Ihre Leidenschaften und Interessen zeigen. Dies kann Menschen mit ähnlichen Vorlieben anziehen.

- **Spiegeln Sie Ihren Lebensstil wider**: Fotos, die Ihren Lebensstil zeigen, wie Reisefotos oder die Teilnahme an interessanten Aktivitäten, können Interesse wecken.

- **Seien Sie authentisch**: Authentizität ist entscheidend. Übertreiben Sie nicht und geben Sie nicht vor, jemand zu sein, der Sie nicht sind.

- **Seien Sie kreativ**: Wenn Sie ein ungewöhnliches Hobby oder eine interessante Anekdote haben, teilen Sie sie! Es kann ein faszinierender Gesprächseinstieg sein.

- **Aktualisieren Sie Ihr Profil**: Passen Sie Ihre Fotos und Beschreibung an, um widerzuspiegeln, wer Sie in diesem Moment sind, wenn sich Ihr Leben ändert.

- **Bleiben Sie positiv**: Vermeiden Sie negative Inhalte in Ihrem Profil. Bewahren Sie eine positive Einstellung.

Aber sei gewarnt, diese Tipps garantieren dir keineswegs Erfolg, betrachte es eher wie ein Spiel. Aus eigener Erfahrung kann ich dir jedoch sagen, dass du im wirklichen Leben attraktivere Frauen finden wirst als auf Tinder. Daher empfehle ich die Nutzung von sozialen Netzwerken und Dating-Apps, aber vergiss nicht, dass es auch eine reale Welt da draußen gibt, in der du Frauen treffen und kennenlernen kannst, wie es früher üblich war. Und das ist oft der beste Weg.

Tatsächlich ist es auf diese Weise natürlicher. Wenn ich du wäre, würde ich diese Apps als passives Einkommen für Dates verwenden, da du ohne viel Aufwand sogar Matches erzielen kannst, während du schläfst, was sich lohnt. Das Einzige, was ich bitte, wenn du sie benutzt, ist, dass du das Potenzial nicht vergisst, Frauen in der realen Welt da draußen kennenzulernen. Kombiniere beide Methoden, um nie ohne Dates zu sein und allein zu schlafen!

BETRETEN SIE DIE AKTION

Herzlichen Glückwunsch zum Erreichen des Endes, ich gratuliere Ihnen und hoffe, Ihnen geholfen zu haben. Dennoch möchte ich, dass Sie einen Schritt weiter gehen, die meisten Menschen setzen das Gelernte nie in die Praxis um, tun Sie sich selbst einen Gefallen und seien Sie anders. Jetzt ist es an der Zeit, in Aktion zu treten: wenden Sie die Prinzipien an, die Sie in diesem Buch über Verführung gelernt haben, nutzen Sie Ihren Verstand, um zu verstehen, wie das Spiel funktioniert, überwinden Sie Ihre Ängste und überwinden Sie Ihre mentalen Barrieren, vertrauen Sie sich selbst, beherrschen Sie dieses Wissen und stellen Sie sich sich bereits als Verführer vor. Ob Ihnen diese Lektüre nützlich ist, hängt allein von Ihnen ab, denn Sie müssen das Gelernte in die Praxis umsetzen.

Sie haben zwei Möglichkeiten:

1. Sie können es als eine weitere Buchlektüre betrachten und nicht handeln.

2. Sie können sich entscheiden, der Herr Ihres Lebens zu sein und sofort zu handeln.

Ich hoffe, Sie entscheiden sich für den zweiten Weg.

In diesem Buch haben Sie gelernt, wie Sie eine verführerische Mentalität erlangen können und wie Sie die Frau verstehen, um sie zu verführen. Jetzt ist es an der Zeit, herauszufinden, welche Art von verführerischer Persönlichkeit Sie besitzen, und diese mit den in diesem Buch gelernten Prinzipien anzuwenden. Denken Sie daran, dass es nichts nützt, eine Kopie eines anderen Verführers zu sein, Sie müssen Ihr gesamtes Potenzial ausschöpfen und durch Übung herausfinden, was Ihr Stil in der Kunst der Verführung ist. Seien Sie authentisch und vergessen Sie nicht, dass Natürlichkeit attraktiv ist. Haben Sie Vertrauen in sich selbst und Sie werden das Vertrauen der Frauen gewinnen, überwinden Sie Ihre mentalen Ängste und nutzen Sie die positive mentale Einstellung, um sie zu überwinden und Ihre Ziele zu erreichen. Jetzt ist es an der Zeit, das Gelernte in die Praxis umzusetzen. Vergessen Sie nicht: Übung macht den Meister! Ich vertraue darauf, dass Sie es schaffen können. Aber... Vertrauen Sie auch darauf?

Ich bin sicher, dass Sie, wenn Sie durchhalten, auch ein Verführer werden. Mein Ziel war es, Sie zu führen und Ihnen mein Wissen über Verführung zu vermitteln, damit Sie Ihre eigene verführerische Persönlichkeit entwickeln können. Ich hoffe, ich konnte Ihnen helfen. Jetzt ist Ihre Zeit gekommen! Gehen Sie auf die Straße und setzen Sie das Gelernte in die Praxis um. Brechen Sie das Eis und verführen Sie sie! Handeln Sie, und bleiben Sie nie wieder in Zweifel darüber, was hätte passieren können. Ein neuer Verführer ist geboren!

Vom Autor An Den Leser

Wenn du glaubst, dass du aus dieser Lektüre gelernt hast und sie dir wertvolle Inhalte vermittelt hat, würde es mir viel bedeuten, wenn du mir eine ehrliche Rezension über deine Meinung zur Lektüre und darüber, was du daraus gelernt hast, hinterlassen würdest.

Ich bin ein unabhängiger Autor, dessen Ziel es ist, mehr Menschen dabei zu helfen, eine verführerische Mentalität zu entwickeln, um zu einem Verführer zu werden. Und auch, um damit meinen Lebensunterhalt zu verdienen, um ehrlich zu sein... Daher würde es mich freuen, wenn dir die Lektüre gefallen hat und du mir eine Rezension hinterlässt, denn du würdest mir damit helfen, mein Ziel zu erreichen. Lass mich wissen, ob du möchtest, dass ich weitere Bücher schreibe; ich habe noch viele andere Ratschläge zur Verführung, die ich in anderen Büchern weitergeben könnte. Du bist meine Motivation, also ermutige ich dich, mich zu motivieren.

Vielen Dank von ganzem Herzen, dass du bis hierher gekommen bist, das bedeutet mir viel. Ich verabschiede mich mit herzlichen Grüßen und hoffe, dass du aus der Lektüre etwas gelernt hast.

**Denke daran, das Gelernte in
die Praxis umzusetzen!**

Benötigen Sie Individuelle Hilfe?

Wenn Sie genug von der Lektüre dieses Buches haben und sich bereit fühlen, in Aktion zu treten, freue ich mich sehr und hoffe, dass Sie das Gelernte in die Praxis umsetzen können.

Wenn Sie andererseits eine persönlichere Unterstützung benötigen, um Ihre Ängste, Blockaden und Unsicherheiten zu überwinden, wird es Sie interessieren zu wissen, dass ich individuelles Coaching per Videokonferenz anbiete. Mein Ziel ist es, Ihnen zu helfen, ein neuer Verführer zu werden. Wenn Sie interessiert sind, zögern Sie nicht, mich zu kontaktieren. Ich werde mein Wissen bestmöglich vermitteln. Ich freue mich darauf, Ihnen helfen zu können, und gemeinsam werden wir Ihre Ziele in der Verführungswelt erreichen.

Für weitere Informationen senden Sie mir bitte eine E-Mail an ***contacto@mentalidadseductora.com***, wo ich Ihnen detailliertere Informationen zum Coaching geben werde. Wenn Sie auch etwas schnell nachfragen möchten, zögern Sie nicht, dies zu tun. Wir bleiben in Kontakt. Ich biete Coaching nur in Englisch und Spanisch an.

BOOKS BY THIS AUTHOR

Von Schüchtern Zu Verführer: Die Kunst Der Verführung Und Der Sozialen Fähigkeiten Meistern

Die Kunst Des Liebens Für Männer: Liebe, Beziehungen Und Frauen